猴 面 包 树

坚持写下去的勇气

JIANCHI XIEXIAQU DE YONGQI

[韩] 郑汝佑 —— 著

李桂花 李世源 —— 译

中央编译出版社
Central Compilation & Translation Press

其实写作
没有什么"为什么",
想写就写了。

不要被别人的恶意评论打垮

去接受一切不友好的误解

去接受各种指指点点

去理解和共情

——致写作爱好者

序言

想动笔写,
却顾虑重重

听我的。

写作时请完全沉浸在自己的世界。

别去想结果会有多美好或多糟糕,把它们通通抛开。

也别去想自己是不是天资不够,或担心他人会不会对自己的文章指指点点。

你要相信,现在诞生于你笔下的这些文字,是这世界上独一无二、最为珍贵的文字。

不妨把埋头写作的过程当作一场全身心投入的恋爱。

其实写作没有那么多"为什么",想写就写了。我写过一些文章,不是随心所欲地发泄情感的日记,也不是为了将来出书而写，而是心痒痒，所以提笔去写。我不知道为什么写这些，但确实陶醉其中，几年后才似乎懂得了当初这些无意识的开始意味着什么。原来，只有这种无欲无求的状态，才能让我写出最纯粹的作品。倘若我一心只想出书，肯定不能不考虑读者的反应。虽然我现在是一位作家，已出版几十本书，但我依然更喜欢那种纯粹的写作状态。因为在这个过程中，我能找回作为一个写作新手的新奇与喜悦。

我不太喜欢"职业"这个词语带给我的内心压力。如果非要定义和分类，我是职业作家没错，但依然会有新手的感觉。蹒跚走路的孩子每迈出一步，就会对这个世界多一分惊喜和探索，我对于写作的热爱也是如此。每次写作都是崭新的、令人激动的。有时候，对着屏幕较劲半天也写不出满意的句子，很让人懊恼……有时候写了一大段，重新去看时忽然感到一阵羞愧，于是索性按下删除键通通清空。尽管羞于给别人看，但写出来可以供自己尽情欣赏，这就是写作的魅力吧——不给任何人看，也就不会被任何人评论，所以它令我迷恋。

我有一个写作秘诀——犹如每天给窗台的花浇水一样，我常常会在心里琢磨如何写作，还会告诉自己：不必写得很完美，也不必担心写不好，更不用给自己套个枷锁，必须写出成品来……怎么开心就怎么写。无论是在痛苦的日子还是在深受认可和鼓舞的日子，我都会坚持写作，不让自己懒惰和懈怠。说起来有点不好意思，虽然我写了多部作品，也小有名气，但现在每天还是会像小学生做功课一样练笔。作为写作新手，我始终兢兢业业，每天都在写，也从不会觉得自己写得有多出色。对我而言，作家这个头衔指的并不是出版过作品的人，而是特指能从每天的写作中体验人生的喜怒哀乐的人。从这点来讲，我认为称自己为"写者"更为恰当一些。每天写作，每天做崭新的自己，就像一棵树一样，耐着性子一点点更新自己的年轮，直到未来的某一天长成参天大树，结满智慧的累累果实。从这点来看，"写者"创作好比是在培育精神世界的树苗。

有时候没素材、没灵感，不知道该怎么写，我就会上网找找灵感，或看看书，读一读其他优秀作家的作品，赞叹的同时也深受启发——原来，我渴望写的那些文字并不在别处，就在我的内心深处。它们犹如惊蛰那天大地深处的生灵，微弱又鲜明地动了一下。这是我写作生涯中最为欢乐的瞬间。曾经在遥远的别处寻觅的写作素材，某一天突然发现它们原来就在我的内心深处，这种"那人却在灯火阑珊处"的惊喜，因之前的苦苦追寻而越发强烈。那些苦苦追求的记忆犹如沉睡的琥珀一样，封存着生命的感动。

这让我想起泡菊花茶时的场景。将开水倒入杯中，干瘪、枯萎的菊花花瓣会逐渐吸饱水分，慢慢苏醒和绽放，黄灿灿、娇滴滴的。用文字唤醒枯萎的记忆，重温昔日的故事，不是很像泡菊花茶吗？有时候，我觉得这张白纸上隐藏着许多小花苞，当我用笔轻柔地唤醒它们时，它们逐个伸着懒腰苏醒，在平整、空白的纸上一路开出了摇曳的小花。在进入写作状态之前，那些记忆就像罐子里封存的干茶叶一样，安安静静，而一旦开始酝酿和写作，就像是打开茶罐，捏出一撮茶叶，并将之放入水杯用开水冲泡，叶瓣开始舒展，香气开始弥漫，灵感之花就这样盎然闪现于眼前。

　　就这样，曾以为忘却了的许多往事渐渐在心里、在脑海里苏醒，开出沁人心脾的文字的花。无论深藏多久，无论多么模糊，当我们用热情浇灌它时，遥远的记忆听到召唤，会应声汩汩而来。每个人都会有这样一个记忆王国，里面珍藏着独一无二的写作素材。或许你会质疑它的可写性，觉得它们平淡无奇，但我敢肯定它们确实存在着。尽管蒙尘，尽管暗淡，但只要用心拾取和擦拭，你肯定会看到有着温度和光泽的美丽珍珠。

　　本书讲述的只是我写作的摸索过程，不一定有用，但会给读者带来一些启示，帮你找到记忆的花瓣。在希腊神话中，英雄忒修斯借助阿里阿德涅之线杀掉怪物米诺陶洛斯后成功逃离迷宫。如果没有阿里阿德涅之线，忒修斯恐怕无法成功。我希望我的书也能像阿里阿德涅之线一样，帮你穿越记忆迷宫，挖掘想要的素材。希望每一位热爱写作的读者都能感受到这根线

一粒粒干瘪的菊花茶
小小的　枯萎了似的
沸腾的水　缓缓地
倒入杯中

于是
菊花瓣慢腾腾　伸着懒腰
一点点舒展着
一点点绽放着
娇滴滴　生机盎然
飘在水中央　美丽而灿烂

当温暖的文字触碰纸张时
心中枯萎的记忆
也会这样一点点苏醒
一朵朵绽放

的存在，在任何情况下都不要放弃。写作最终抵达的是喜悦的绿洲，但通往它的过程却是痛苦、绝望的荒漠。耐得住苦行僧一样的长途跋涉才能走出这片沙漠，喝到绿洲里的那一口甘泉。你只需要一路向前，奔向灵感的海洋，去感受热情的跳动。我会在这里紧握那根线，小声呐喊，殷殷期待，希望有心的你，看得见。

2021 年 7 月

一个每天以写作为乐的人，
写给未来即将创作出美好文字的你

目录

1
Q&A
关于写作的
一些问题

018　关于写作过程中那些打击你的
　　　和令你满怀期待的事

027　关于创作和退稿

043　如何培养写作能力，
　　　如何系统地记笔记？

054　关于写作种类

2
EPISODE

每日写作
每日学习
每日感悟

062　提起笔，放下一切

066　每天成为更好的自己

069　我终究走上了那条孤独
　　　而布满荆棘的、仅属于自己的路

072　关于写作的喜怒哀乐

075　畅销书作家的喜悦和觉悟

079　误解和批评，尽管向我开炮

082　写作时最难过的瞬间

086　写作时最开心的瞬间

090　形成自己的写作风格

3 CLASS

完成一本书要考虑的事情

- 098 写什么？
- 111 主题：什么决定写作的方向？
- 124 共情：如何打动对方的心？
- 139 空间：采访空间、创作空间
- 148 告白：深藏内心的故事宝库
- 158 读者：想成为好作家，先做一个好读者
- 170 爱：对角色最应该拥有的感情
- 185 文章：不断打磨句子，直到变成闪光的文字

- 189 结语
  将等待的痛苦化为创作的熊熊烈火
- 192 致谢
- 193 推荐语
- 195 参考书目

单以为忘却了的许多往事渐渐在心里、在脑海里苏醒，开出沁人心脾的文字的花。

1 Q&A

关于写作的一些问题

关于写作过程中
那些打击你的
和令你满怀期待的事

初登文坛时，我对写作倍感头疼，对于将来是否能靠写作生存下去也满怀疑惑。那时，我的心中有着种种疑问和好奇，却无人可问。没想到现在，我在写作课上为学员解答的问题，与当年让我困惑的问题那么相似。传授写作技巧的"作家"培训机构很多，但涉及一位"写者"该有的态度和职业前景，以及如何克服写作过程中遭遇的痛苦的课程却很少见，而我一直在努力寻找这些问题的答案。

在机缘巧合下，我收到了各种讲座邀请。我很乐意为想成为作家的学员们答疑解惑，同时也忍不住暗暗懊悔："如果当初我也有勇气提出这样的问题该有多好……"

我知道，肯定有不少人像我一样害羞，想问个问题都没有勇气，只能在犹犹豫豫间将其咽到肚子里。当年我无法提问、无处可问，如今却成了替别人排忧解难的人。有时候想想，感觉这有点像命运的小玩笑，令人感慨。

写作课上，学生的提问有不少是相同的、重复的。由于当时时间紧张或出于其他原因，没能及时、系统、有条理地回复学员，对此我感到很遗憾。所以，我把那些没来得及回复的、没能详尽回复的问题都一一攒了起来，装进这本书中呈现给大家。这是迟开的花，也是对过去遗憾的弥补，算是给过去一个交代，了却一个心愿。

Q 写作能否救赎人生？

至少对我来说，写作是每日自我救赎的良药。当然，这并不是说写作是一步到位的灵丹妙药，但写作的日子和出于某些原因不能写作的日子简直有着天壤之别。只要一天能正常写作，我就会感觉既踏实又充实，那些天马行空的想法犹如内心的海面上蔓延的颜料，等待着我将之拓印到纸张上。当若隐若现的思绪以黑色的字呈现在白色的纸张上时，那种喜悦不可言喻。这是创作所带来的愉悦。从内心牵引出某种产物，这本身就是救赎的开始。我承认，电影、电视剧同样有着治愈效果。观看完一部电影或电视剧再去写作时，内心可能会有更大的变化。而将思绪诉诸笔端，我们便可以更直观地看到内心的波动。

我们在看电影或追剧时，是被动的消耗性行为，而写作则是主动的创造性行为。在观影过程中，思绪要紧跟剧情的发展，不可能在观影的同时在脑海里呈现一个"我"的世界。而写作就不同了，哪怕是写一篇非常简短的文章，也能在脑海中呈现一个可见的世界，所以写作富有创造性。挖掘潜能，按下内心的灵感按键，驱动大脑和心灵主动去创作，这是非常积极的治愈行为。

Q 写作需要具备什么才能？

我认为，首先要对社会问题有敏锐的嗅觉和洞察力；然后要有将问题探究到底的执着与敬业精神；最后是用文字对问题与解决过程进行加工的表达能力。而最重要的是，写作要全程沉浸在创作的快乐和喜悦当中。虽说语言驾驭能力也很重要，但仅靠华丽的辞藻根本无法在写作道路上走得长久，必须要有挖掘写作深意的慧眼。为什么写？为谁而写？想要和什么群体形成共鸣？想让文字起到怎样的作用……要带着这些思考慢慢码字，每天坚持。这是我写作时的心态，也是我的生活常态。

我把写作所需的能力概括为"3s"：story（故事）、sensitivity（敏感）、stock（积累）。第一，故事性。一个单词、一张图、一抹香气，想象其可能蕴含的某种故事性因素。第二，细腻敏感。要成为作家，需要有纤细敏感的神经。作家是如何捕捉这种情感的？事件是如何触动他的想法的？可以说，是敏感造就了新的故事。第三，增加素材积累。故事不可能一朝一夕写成，所以平时要注重素材积累，直到素材库里的存货能满足日常所需。记忆力再好的人也难免会忘事,所以一定要勤勤恳恳地做笔记,打造一个属于自己的记忆宝库。我是按照场景和灵感对素材进行分类建档的,慢则10年,快则几个月,它们就会壮大成一本书。当前的积累权当是种一棵棵"故事树",悉心栽种、守护,直到它们长成郁郁葱葱的"故事林"。从小小的笔记到沉甸甸的书,不正是从一粒粒种子到一片树林的过程吗?

Q 如何克服对同行的嫉妒心理?

我时常告诫自己,要正确面对嫉妒心理。当然,我曾经因为嫉妒心备受折磨,但当我意识到这种情绪弊大于利时,情况就开始好转了。嫉妒不仅是对他人的仇恨和敌意,还会消磨我们内心原本的光芒。它就像猛烈的毒药一样具有极大的破坏性和危险性。所以,当觉察到羡慕转变为微妙的嫉妒时,我们要果断拦截,让它停留在"敬佩"阶段,而不是变味成"嫉妒和仇恨"。

我心思细腻敏感,天生容易感动,小事情也会导致我情绪波动。这种性格在生活中有很多负面影响,但对于写作却是个优点。每当生活中遇到不如意的事情或开心的事情时,我更喜欢用文字来记录这些难过或开心,把它们发泄在纸上,而不是写在脸上,以免因为感性占上风而失态。所以,当我意识到某种情绪即将压倒我的理性时,我会立刻告诉自己稳住,不要表露，留着以后用文字发泄出来。当我在内心小声说服自己时，先前的激动也会瞬间消失，像猛兽被驯化了一样，很是神奇。同时，我也很开心，因为这又为将来的写作积攒了一种情绪。嫉妒心也是一样的。若是实在无法克制，对某位同行感到嫉妒，不要流露出来。先把情绪藏在内心的角落里，等将来创作有需要时就能派上用场了。

"我可能一辈子都无法写得像他那样好。"不妨把这种绝望转变为积极的创作动力。捕捉每一个让你舒服或不舒服的情绪，把它们用到创作上。拿着烂牌常常练手，直到用它们打出漂亮的好牌来。

Q 平淡无奇的人，是不是注定成不了天才作家？

这个社会喜欢用结果来评判一个人，所以我们看到那些"天才作家"的作品时，常常会自叹不如。这种感觉我也经常会有，觉得这世上有天赋的作家实在太多了。但是，只因为自己天赋不如人家就要一味地沉浸在气馁、自卑的情绪当中吗？我不喜欢把时间浪费在这样没有意义的抱怨中。对我来说，把精雕细琢、写一行令自己满意的文字的时间拿来嫉妒人家，好像不是很聪明。不如把这个时间用来感慨、尊重、学习，去思考此人的文字是如何打磨出来的，此人平时是如何写作和不断充电的？努力去想象作者创作的意图和平时所做的功课，从中寻找启发和感悟。我很乐意把嫉妒心转换成创作动力，从中得到升华。

比如我喜欢裘帕·拉希莉，如果你了解她作品的诞生过程，肯定会心生敬畏。她出生在以英语为母语的国家，她在母语上已经占据了优势，但她并没有满足，又去学习意大利语，并用意大利语创作小说。她不断地鞭策自己，不断去开启新的大门，将眼光投向更广阔的世界，这种热情和勤奋正是我钦佩和想要学习的。对我来说，开拓新世界、获取新素材和灵感的方式是旅行。每当灵感枯竭时，我就会整理好行囊匆匆上路，犹如逃亡。飞机离地的一瞬间，我突然开心起来，灵感开始袅袅升腾，生命热烈又张扬。或许有一天，我也可以挑战用全新的语言进行创作，就像拉希莉一样。遇到优秀的作家时不该嫉妒和敌视，而要拿出勇气拼命追赶，我知道这才是我该做的。

Q 无话可说但又很想写点什么，这时怎么办？

我认为，这正是写作的最好时机。我们不可能对所有行为都给出合乎逻辑的解释，包括写作冲动。我平时喜欢写文章，既不是为了发表，也不是为了给谁看，而且大部分文章可能在我离开这个世界后不会再有第二个人去看。但是没关系，因为我写作并不是为了给谁看，而是为了表达。所以，即便没有图书这个媒介，我也会坚持写文章。在没有博客、照片墙这些社交平台时，我就很喜欢在笔记本、日记本、草稿纸上不停地写。没有任何意图，只是为写而写，这个过程就足以让我开心。看似没什么特别的内容，但你会发现，只要在纸上勾勾写写，就能让心情平静许多，很是神奇。不去纠结写得好不好，要完完全全享受写作的过程。

　　始终想写，说明对写作有着不衰的热情，是难能可贵的事情。不知不觉，这些随便写的东西会积累成册，帮我消解一个又一个心结。有些人经常会说："没什么可说的，但就是想写。"其实在我看来，这种说辞是自欺的谎言。人肯定是有说话的欲望的，只是还没有清晰地捕捉到那些脉络而已。内心某个地方早已沸腾到几欲喷发，只不过暂时找不出合适的字词来描述。将"令内心躁动但尚未表达出来的秘密"文字化，这样的写作才真正让人喜悦。

Q 想要以写作为生，需要哪些努力？

　　简言之，需要一种把"日常所思所想都向写作靠拢"的智慧。即使是零碎的时间，也要用于思考写作。如果打两份工，就尽量去做与写作相关的兼职。一直以来，我都是写作和其他工作并行，无论是为了谋生，还是出于理想和热爱，至少确保其中一个和写作挂钩。我以前做过学校老师，主要负责辅导考生的考前复习。由于一切围绕考试，和我想要的写作或文学培训距离甚远，我就放弃了这份工作，开始做与出版相关的事，比如策划、编辑、翻译。虽然工资比过去少了许多，但可以参与出版的具体业务，见证一本书诞生的过程，所以很是幸福。痴迷于写作的人都会有意识地寻找能激发灵感的瞬间，对我来说，相比于高收入，能给我带来灵感的工作更为重要。当然，无论是做老师还是后来从事与出版相关的工作，都不影响我成为"拼命三郎"，哪怕薪水可怜。如果那时不辞职，继续在学校工作，也许我就写不了文章也出不了书。恰恰是那时选择了从事与出版相关的工作，才成就了今天的我，这一点我十分肯定。对三十多岁的我来说，"喜欢的写作"与"谋生的工作"两条轨迹之间的距离越来越小了，我能把日常生活与写作目标紧密相连，使其成为我生活中不可或缺的一部分。

Q 您是如何克服写作过程中遇到的压力的？

当在写作过程中感到心累、压力大时，我喜欢听那些酣畅淋漓的白噪音，比如暴雨声。在网页搜索"heavy rain"（暴雨）能查到许多音乐，很适合脑子混乱的时候去听，它们能让人抛掉一切烦恼。听着雨声看书或写文章，心情会变得轻松愉悦。我平时就是靠这个方法缓解压力的，很有效。除此之外，我还喜欢演奏曲子来消除文字带来的煎熬和折磨，比如弹从小伴随我成长的钢琴，拉大提琴。暂时脱离写作氛围，卸下压力、清空大脑后，就会有重返案头的勇气。有时候，我也喜欢随手翻开一本书大声朗读，驱逐内心莫名的担忧和焦虑，让自己完全沉浸于书本世界，宁静又惬意。

Q 写作时最有成就感的瞬间是?

该怎么表达压在心头的稿件终于完成时的一身轻松呢？内心会欢呼雀跃吧，但这种喜悦只会维持30分钟而已。熬夜和稿子较劲，等到终于写完，心想：总算熬到头了。那种轻松和解脱很爽。但更大的喜悦还是来自读者。每当收到读者的意外来信，或在讲座现场被提问时，我总会既慌张又开心。本来一辈子不会有交集的两个人却通过文字邂逅，这是令人心头一热的奇迹！每一位读者对我作品的关注，都是我创作的动力。

关于创作和退稿

Q 选主题时有没有特殊的技巧?

有些作者习惯先构思一个框架,然后再去写,就像先画好建筑设计图再去按照图纸施工一样,有些作家则喜欢凭感觉即兴写作。其实,这两种方式在写作中都必不可少。我个人偏向第二种,看重本能、直觉、即兴灵感。

比如那本《我心中的欧洲TOP10》,就是我全凭本能和直觉写的。由于行程匆忙,所以要求高度的信息接受能力和随机应变能力,及时把每天的灵感写在纸上,记录当天的所见所思。我发现,"立刻写""灵感闪现",都源于过去的努力积累的经验。《我心中的欧洲TOP10》写作历时几个月,但是为写一本书去旅游、积累素材,我用了整整10年的时间。

《你总说没关系》《写给不懂得照顾自己的我》《那些伤痕与众不同》可以说是"郑汝佑心理学三部曲"。这是一个长期写作项目。我想借助心理学发掘真正的自我,然而用一本书来表达,篇幅很有限，所以就写了三本。《你总说没关系》写的是通过文学发现自我的过程，《写给不懂得照顾自己的我》写的是通过各种心理学概念发现自我的过程，《那些伤痕与众不同》是终结篇，写的是将文学、心理学与人生融为一体，借以发现自我的过程。每个作家都会面临这种长期写作规划。

选主题是一个主动探索和学习的过程。我一直在寻找可以写的话题，然而写作的意义并不局限于主题，还必须要考虑如何将生活态度和价值观分享联系起来。不是我想的所有东西都能转换为文字，其实真正能写出来的只有10%，而剩余的90%基本就停留在灵感阶段。那些构想嘴上说没什么难度，但写成文字恐怕这辈子都很难做到。长期写作还必须列一个大清单，题目不妨就叫"我还没有提及的事"。任何时刻都要保持头脑的"天线"开启，无论是多么微不足道的事情，都可能成为故事的种子，将来成为一本书。我们要让灵感的种子落在肥沃的土壤里，静待花开。

Q 如何提高词汇量？

如果把整本词典背下来就能丰富大脑词库，那我很想试试。但词汇量并不意味着文字驾驭能力，后者不是单纯地从储备库里取出所需的词语，而是根据当前的语境灵活地创造出相应的句子，支撑整篇文章，使之生动，富有感染力。这更接近一种发明。就像在海滩上捡到美丽的贝壳，用它们来编织项链献给心爱的姑娘，需要调动自己的创意和动手能力，而不是单纯地把捡到的贝壳简单地连接起来，这既无创意，更谈不上惊艳。

写作不是机械的，也不是数学的，而是偶然的，是灵感与热情结合的产物，需要把自己代入各种丰富的情境中，发挥想象力。比如相比于代入"把12个小时都用来阅读和写作"的情境，"读一本书+看一部电影+欣赏三幅画+聆听三首曲子"的情境会更为合理一些。大脑结构复杂，越是给它丰富的刺激就越能碰撞出瑰丽的火花。你可以一边聆听谢尔盖·拉赫玛尼诺夫的《第二钢琴协奏曲》，一边读迈克尔·翁达杰的《英国病人》。而观看安东尼·明格拉执导的同名电影《英国病人》后，再去找来主题与电影中沙漠背景类似的散文集《人类的大地》（安托万·德·圣埃克苏佩里著）对比相关图片或照片。用词能力和创意往往是相伴而行的，所以刻意学词语还不如下功夫提升整篇文章的丰富性。用玲珑心来创造新语言，让思维跳出文字的框架，自由地翱翔。

Q 想要让文笔更好，需要付出哪些努力？

让文笔更好，不能全靠死记硬背，但适量的背诵对文笔有所帮助。我不赞成仿写，但适当练习也是可以的。如果做不到一字不差地背诵句子，那么就需要记住那个句子为什么经典，经典在哪里。有些文学作品把主人公刻画得入木三分，使这个人物鲜活且有魅力，比如本哈德·施林克在《朗读者》中就花了较多笔墨描写汉娜穿长筒袜的曼妙身姿，只有这样的文字才会让读者爱上书中的人物。为什么要用大篇幅来描写汉娜穿长筒袜？因为这正是汉娜的核心魅力：美到不可方物，超凡脱俗，却对世人的仰慕的眼光不屑一顾。

美好的文章犹如邀请函，引领我们走进不同的世界，使我们无法抗拒、深深着迷。写这样的经典佳作是每个作家的梦想，而揣摩"那个句子为什么写得那么唯美？"这种斟酌和研究过程就是一种写作训练。一直揣摩和积累那些经典句子，总有一天你也会写出超越它们的文字来。不要急于求成，要不断地打磨文章，让它变得比昨天好。可以把脑子里即兴想到的词语随机写下10个，每天坚持练习造句。也可以换花样，把看似不相关的词语放到一起来写，比如用"草莓、诗人、邮局"写一段话、三段话、十段话。如果你热爱文字，便能从中体验到咬文嚼字的快乐，并乐此不疲地坚持下去。

另外，尝试写短文。让好友随意发来三个喜欢的词语。第一次被人索要词语做礼物，对方会不会在受宠若惊的同时欣然配合，然后深思熟虑地选三个词语，郑重地发过来呢？然后我们就可以用它来造句，或描写"礼物"赠送者的经历。这些词语会在我们笔下演绎出什么样的故事呢？让我们怀着探险的心情去撰写。这种练习不但能提升我们的文字驾驭能力，也能让思维得到延伸和拓展。

Q 如何吸引读者？有没有什么叙述技巧？

写作中有叙述技巧吗？不必舍近求远地苦苦追寻，我们要善于从身边的日常琐事中发现故事、挖掘故事。最近几年，济州岛突然多了很多西方游客，因为我印象中之前最常见的是中国游客，觉得挺意外，于是问朋友："这些人大老远地从欧洲跑到济州岛，究竟怎么想的？"朋友说："你那么好奇还不如自己直接去问。"啊，这话没毛病，我为什么不直接去问呢？想知道原因自己去问就好了，还是自己没那个勇气。

写作中的"叙述"始于好奇，比如凡·高为什么割掉了耳朵？这种好奇是各种版本的电影和图书的创作源泉。其实，即便某个原因被证实，人们依然会忍不住好奇，想要去寻求新的答案。有些人把叙述能力解释为"蓄意靠近"，以达到让读者大吃一惊的效果，这有一定道理。但叙述并不是只图一个有趣，它是一个探索过程，最终是为了给前面的问题寻求最靠谱的答案，所以要问到点子上，打破砂锅问到底，直到找出答案。就算不是写小说、写剧本，在写散文或诗歌时也需要这种叙述能力。什么地点？什么人物？什么原因造成了这种局面？去探求其原因和过程。从某种意义上来讲，这种行为就是为改造这个世界而做出的一种努力。

托马斯·麦卡锡执导的《聚焦》讲述了一群人遭受神职人员性虐后，在阴影中成长的痛苦经历，揭露了神教系统丑陋的真相。该事件最终水落石出，相关罪犯被放到正义的天平上接受拷问和严惩。这归功于一群为伸张正义东奔西走的媒体人。正是因为他们的坚持和无畏,正义最终战胜了邪恶。影片的主人公秉持职业信念去发现问题、寻求真相,向我们展现了在是非与公正面前不存在灰色地带,而这也是媒体人真正要承担起来的使命。像《聚焦》这样情节紧凑、人物性格鲜明的故事,才容易吸引观众。我认为,紧紧抓住一个问题刨根究底,才能演绎出触动人心、别具一格且有教育意义的作品。

Q 如何找素材?

有时候,我们的内心深处会冒出一些本能的、原始的问题。几天前,我在路上看到江南区一个著名酒吧的广告语——"ME ME WE GANGNAM",黄色字体特别醒目。"我(ME)、我(ME)、我们(WE)共存的江南(GANGNAM)",文字生硬,内容伤人,让人有种冷落感、排外感和异地感。用江南、非江南划分,本来就是无中生有,徒增伤害,而这种为衬托江南富人区刻意而为的不正当竞争行为会发酵出许多其他问题来。当时我就有一个想法,把这种伤感、背离感、陌生感用文字写下来。我不是"江南人",不喜欢江南范儿,也没想过要做个江南人……这些情绪瞬间闪过我的脑海。其实,并不是所有的江南人都排外,就像我认识的很多朋友,我们的愉快相处并不会因为我不是江南人而大打折扣。因为这种刻意的划分,无形中把我们无拘无束地沟通的机会生生剥夺了。仅是这一个广告牌,就可以让我洋洋洒洒写几十页文字来表明我此刻的态度和立场。"愤怒出诗人"说的正是灵感爆发的这些瞬间吧。有了素材，恰好头脑中又有了灵感，就可以写出一篇文章来。但是，不必急于"揭锅"，稍微再"焖"一会儿，去看看皮埃尔·布尔迪厄的区分理论、马克思的异化劳动理论后再重新构思，可以写得更为立体、更有深度。

我喜欢把生活中这些平凡的事情（大多是散步、聊天中所见所闻的一些社会现象），结合我平日所学的理论或文学作品，创造出一个新题材来。当外部事件和人的内在知识底蕴相碰撞时必然会有灵感的火花闪现，我们要及时捕捉这一闪而过的灵感，用于文学创作。这世界遍布着闪光的象征，它们有着各自的意义。就像原石一样，只要经过切割和抛光，都可以成为宝石。

写作的另一个秘诀是"偷听"。在咖啡店里、公交车上、地铁上，我会像兔子一样竖着耳朵仔细倾听别人的故事，从那些陈芝麻烂谷子的谈话中寻找素材。

Q 如何写出与众不同的文字，用文字慰藉他人？

拿出诚意去写，用鲜活而生动的故事去讲述。

我曾经想到一个主题——"一个自由职业者的抑郁症治疗法"，并纠结着要不要将之放到《写给不懂得照顾自己的我》一书中。有些人可能很羡慕作家这个职业，但说丢饭碗就丢饭碗的也是它，那种不安和不确定性一直伴随着我。其实，这种时而出现的焦虑不仅源于经济问题，还源于一种原始的不安和恐惧感。当我真实地记录下这些痛苦时，我的内心反而渐渐恢复了平静，因为我已不再是为了慰藉别人，而是为了我自己而写。庆幸的是，这些文字竟也能唤起读者的共鸣，赢得他们的青睐。文字只有在治愈作者时，才能去治愈读者。但要注意，并不能一开始就抱着安慰谁的目的去写，而要用沉浸在悲伤中的心情，用真情实感去写。如果作者能从中得到治愈，那么读者看到时也会感到幸福。

Q 作家在写作时有什么特别的框架吗？

我不太喜欢"frame"（框架、构架、模式）这个词，因为它很容易让人产生"老套、束缚"这样不太好的联想。框架是一种投射，是将自己的想法投射到所看到的对象上，而往往一个人是很难跳出自己的框架的，因为这种框架存在于无意识间，想要不被这种框架束缚，就要有意识地提醒自己。我痴迷心理学的那段时间，总喜欢用心理学术语来定义和分析人们的烦恼，比如"那个人的内心被童年的创伤束缚了"。其实，这时应该格外谨慎一些，因为也有可能事实并不是如此。就算是真相，那也不过是部分真相而已。我也有着童年的伤痛，但它并不能定义我。我会努力从那些阴影中挣脱出来，尽可能理性、冷静地做自由的自己。在写《那些伤痕与众不同》一书时，我领悟到了这一点，认清了我是怎样的人。伤痛可以无数次攻击我，那些我以为已经愈合了的伤痕甚至会再次猝不及防地攻击我，但它们并不能打垮我。写作总能让我发现自己真实的一面，这既让我感到新奇、欣慰，又让我感到难过。这种种感触，我都会努力记住，并珍藏在心底。而且，我会努力记住每一次的感觉，就像一个拔牙患者在麻药起作用之前努力去听冰冷机械在口腔里操作的声音一样。

对我来说，"框架"并不局限于我的创作行为，而是贯穿我的人生（如果一定要用"框架"这个词的话）。除了心理学，文学也为我提供了源源不断的力量和灵感。我知道，文学的真正优势在于它是杂交的、混合的世界。小时候听过的童话、中学时读过的世界名著、大学时读过的最新短篇小说、最近读过的各种现代小说……都在我的内心交织在一起。那些掺杂中凝练的融合交响，就是我创作的框架。

比如《雾津纪行》，我前后读了不下十回，每次读都会有不同的感受。第一次读它是在高中，看完并不很理解作品的深层含义，只是本能地感觉写得很是气势磅礴。大概是因为从未经历过那种感觉，所以可能即便看了文字也无法得到共鸣。三十岁再读时，透过尹喜中这个主要人物彬彬有礼的谈吐，捕捉到他深藏骨子里的庸俗本性。四十岁时再次读时，更像是在看一个女性的受难史。在尹喜中眼里，女人从来都是供观赏、取悦男人的存在：第一次见到音乐老师就勾引人家上床，后来又像玩物一样抛弃人家；把自己的妻子当作仕途的跳板。不仅仅是主人公，书中所有男性也将女性彻底物化，从而把男性暴力、冷漠的一面展现得一览无余,让人心寒。尹喜中根本意识不到自己的男权主义思想,所以更具危险性。那时我懂得了一部优秀的作品中也可以蕴含令人毛骨悚然的暴力。随着个人阅历的不断增长,我对于同一部作品的诠释和解读也发生了变化。

Q 如何把持好个人叙述和理论叙述的黄金分割线?

一定要保持所谓的"黄金分割线"吗?我并不会刻意去追求它,重要的是故事本身是否具有吸引力。

作为写作素材,如果让我从"伟大的理论"与"平凡的人生"中选一个,我宁愿选择后者。有人问到"个人叙述"话题,让我感到有点压力。这样吧,我来提个问题:您是否觉得"私人故事"是不好的呢?其实,我们韩国人一直都强调公私分明,不轻易流露个人感情。这是一种压制,我们不该过分遵从。写散文和随笔时,唯有讲述自己的故事,才能打动人。人们好像很容易把书中写到的故事和"隐私""八卦"混为一谈,但我觉得,写自己的故事才是所有写作的出发点。而当作者的故事和读者的故事完美碰撞时,它就会感动读者。

当你觉得这一刻自己写的内容无比重要和特别时,你才能保持专注和倾注热情,从中体验到快乐。在你与世界之间发现连接,没必要觉得因为融入了自己的故事就减了分。作者还可以在充分重视分享个人故事的同时,努力去寻找与他人的交集。我和母亲之间的故事就能让读者共情,成长中每个人都会和母亲有着又爱又恨的磕磕绊绊，我虽然在讲述自己的故事，其实也是在讲大家的故事。当作者能意识到"我"当前酝酿和构思的故事极为重要和可贵时，好文章就诞生了。所以一定要珍视自己的故事素材。

如果知道文字是火种，那么就不会让自己的文字仅仅表达自怨自艾，而是去思考如何给读者带来启发。要懂得从自己的故事中提取有用的素材，懂得哪些故事需要放在心里，哪些故事可以说出来和大家分享。最后，让文字像火柴一样，照亮他人。请带着一种使命感，努力在"自己的故事"与"他人的情感"之间形成纽带，实现平衡。

Q 应该如何收集资料？

我喜欢听从热情和本能行事，讨厌按照计划表按部就班地去执行，这也意味着我必须有一套属于自己的"生存法则"，就像拆盲盒一样不断地给自己制造"意外"。相比于制定目标后期待毫无"例外"的结果，我更喜欢随机地去翻找各种资料，然后从中发现惊喜，体验那种欣喜。

比如我为写《凡·高，我的凡·高》一书收集资料，如果按照计划，两个月就能把素材收集好，但我还要写书、做讲座，无法专心用两个月的时间去完成"凡·高之旅"，那么就只能在时间允许、条件允许时，再根据热情和心情，去做这件事。就这样，收集齐全所需的素材，我前后用了10年。不过，拉长战线也会有意外收获。由于前后旅行时间跨度大，去过的地方可能还会去，所以对一些地方有了特别的感情。它们已不再是单纯寻找素材的地方，而成了心灵的安息处、治愈的天堂。当热情和本能占据上风时，人就会变成这样。如果有周密的计划，当然能锦上添花，但以我的性格恐怕很难做到。但我觉得诸位可能比我明智许多，懂得制订好计划后再去遵从自己的本能与热情。

我的"凡·高之旅"要经过三个国家——荷兰、法国和美国。其实，如果去收藏凡·高作品的所有藏馆，需要全球游，但我不可能去所有地方，所以选了三个：凡·高的故乡——荷兰；凡·高在创作鼎盛期所在的国家——法国；凡·高作品中我最想看的《星月夜》的创作地——美国。英国国家美术馆、德国新绘画陈列馆挂着凡·高的《向日葵》和《椅子》，如果再加上这两个国家，那就锦上添花了。

我需要提前做功课，去了解凡·高作品的收藏地，以及不同时期作品的创作背景。查阅资料必不可少，但最根本的前提是对凡·高的热爱。热爱是学不会的，但它是资料收集最原始的动力，也是写作最重要的动力。一旦陷入对一个事物的无限热爱，做任何资料收集都不会觉得累和烦琐。

即使完成了资料收集，从全新诠释和加工资料再到将其变为自己的文字，这个过程仍需要巨大的努力，要有足够的心理准备独自经受这个漫长的考验。最终，灵感浮现的瞬间会让你感到喜悦和兴奋,这不亚于邂逅爱情。如同芸芸众生中那个人唯独走向了你,向你搭话。我写作大概就是为了那一瞬间的美好,而且,我相信这个瞬间的喜悦会如实传达到读者那里。读者其实很精明,他们可以从字里行间推断出哪些文字是作者洋溢着喜悦写的。能被读者读懂,也是作者无与伦比的幸福。

Q 写作时有没有通用的大原则?

要说"大原则",未免太夸张了。说不上是大原则,不过我在写作时,也有着自己的规则。第一,对自己诚实。不想写的不要硬写,写不了的不要勉强去写。我要写的主题,要能够让我感受到成就和热情,并且能真实地表达出来。第二,每次做一些小小的尝试,添加一些从未尝试过的题目,这样才能避免话题老套。第三,始终不忘与读者互动。在脑海里想象那些站在反对立场的读者,然后千方百计地寻找素材、组织语言,让自己的文章经得起读者的苛刻眼光。第四,要始终抱着从零开始的心态去写作、去面对读者,否则,你会很容易因为自己有些成就而变得懒惰、傲慢。这时,你需要回到起点,用心打磨文字,用文字征服"敌人",努力去搭建和读者之间的桥梁。

Q 一本书的开头、结尾,有什么特殊公式或秘诀吗?

提问、猎奇、感动,一本书的开头至少要满足其中一个,所以开头任务很艰巨。其实,这也是几乎所有写作者的困惑。

第一笔顺利，后面的文字基本都能写好，它既是千丝万缕的头绪，又是汽车引擎一样的存在。有时候，我会把文章开头放到最后去写，先写想写的内容，畅所欲言后再追溯源头。当然，这是不按套路出牌。大部分人都是先写好文章开头，再去构思正文结尾。写到最后再调换文章顺序的事情也时有发生。毕竟，最经典的、令人难忘的句子，不可能是最后想起来的。当作品侧重逻辑性归纳和说服力时，作者会在创作过程中更加注重阐述观点，而非语句的华丽优美。有时候，想要的经典句子甚至会在写完文章若干年后突然浮现在脑海。此外，最后一句结尾越凝练越经典。开头主要是通过调查发现问题，结尾则要从中获得某种启发，并表述其如何改变了自己的人生。

Q 除了叙述、描写、对话，还有其他推荐的描写手法吗？

隐喻和象征。当我想让读者从文章中得到安慰时，就会把自己变成《彼得·潘》里的温蒂去思考。当彼得·潘丢掉影子惊慌失措时，温蒂提议要帮他缝上影子——灵巧的双手小心翼翼地缝好影子，而这双手正是作者渴望成为"伤口治愈者"的隐喻。作者在文学作品中经常会设定这样的隐喻，就像影子象征着阴影和自卑一样。

Q 如何看待好评、恶评？

我的方法是不去理会，如果太在意，可能会得不偿失。恶评充满恶意，我们去对抗时，需要巨大的勇气。而且写恶评的人，往往不会改变自己的想法和观点，所以我们面对他们时会备受折磨。必须尽量不去想那些，才能坚守"砥砺前行的自己"。我会把花在看恶评上的时间和精力省下来，用于更有意义的事情，比如充电学习。我知道不可能所有人都喜欢我，但看到恶评时，还是会觉得委屈和难过，毕竟不是我的错，却招来这些中伤，所以最好的办法是尽量不去看。为了不去看恶评，不得不错过一些好的留言，我对此很遗憾。但为了捍卫自己，我只能这样选择了。有些读者会通过照片墙或邮件留言，对我来说这些已经足够了。虽然会屏蔽恶评，但对于能给我逆耳忠言的人，我还是很乐意倾听的，尤其是友人的建议。我告诉自己，要从那些给予我信任、真心关心我的人的批评中，读懂他们的殷切期望。读者的留言我也会去关注，好在大部分都是好评，但也有一些犀利的批评。我觉得他们说得在理时，就会铭记在心，并告诫自己知耻后勇，将这些化作自己前进的动力。

相比于对待恶评，更重要的是写好下一篇文章。努力把文章写得精致、深刻，任何时刻都拿得出手。拟定草稿阶段就要追求较高的完整度，接受任何苛刻的评判。刻意挑一些自己拿得出手的文章，做个备用文件夹，有些出版社编辑会在出版策划阶段就向作者索要样稿，这时候，备用文件正好派上用场。

Q 如何避开"自我复制"的坑,有什么搜索系统吗?

我会经常和了解我作品的编辑老师沟通,问她我是不是曾在一些场合透露过某个写作主题。不方便问时则会自己上网查或搜索邮件,找是不是涉及过类似的主题。有时候编辑会提出相似的约稿要求,虽然不至于句子完全一样,但故事和内容会大致相同。由于《德米安:彷徨少年时》这本书的书评约稿和讲座邀请一直不断,那段时间我写到手软。对于其中的措辞和表现方式,我会尽量做一些改动,而不是照搬旧稿地应付了事。尤其是一些重要书评"亮相"的频率会更高,为避免一文多用带来审美疲劳,同时出于对出版社和读者的尊重,最好提前写好其他版本备用。所以每次有人约稿让我写有关《德米安:彷徨少年时》的书评时,我都会尽量去以全新的视角重新解读。比如从恶人克洛摩的立场、从无法得到的爱人艾娃夫人的角度、从心理学及社交角度,去思考和分析辛克莱与德米安的关系。有些人物可能早已被写烂了,不同角度都被发掘出了各种新观点,但我们依然要有以全新视角去看待这司空见惯的一切的觉悟。

如何培养写作能力，如何系统地记笔记？

按主题分类固然好，但是笔记经过日积月累会数量庞大，增加分类难度。其实有两个办法可以对其进行分类：一个是将所有的笔记都归拢到一个文件夹里，另一个是按照主题把重要的图片、文章分别装入小文件夹。只是，我这个人经常会忘记记笔记。有时候会把记好的笔记弄丢，有时候认真记完笔记后过了一阵就把这件事给忘得一干二净了。极力想记录太多，反而会忘得更快。常用的写作工具如果以电脑、手机为主，那么再配个记事本即可，如果能按照关键词去搜索会更好。我以前喜欢用记事本记录，但自从丢过一次后就意识到了记事本丢失的风险大，所以开始在电脑或手机备忘录上记录。重要内容则会发到邮箱，这样需要时可以随时打开下载。

Q 能推荐一些帮助提高人文素养的书吗?

现代社会并不是凭空出现的,有些书就是专门讲这些内容的。比如李镇京(音译)的《近代诗歌:空间的诞生》中,描述了钟表这些看似平常的物件的诞生过程,以及它们为社会带来的变化。

沃尔夫冈·希弗尔布施的《铁道之旅》也是这样的一本书,它用充满趣味的语言叙述了经历一次铁道之旅后,人们原有的时间、空间概念发生了全新的改变的故事。另外,我还推荐黄光穗(音译)的《莎士比亚》。不少读者说莎士比亚的书读不下去,所以我才更想推荐这本书。它是迄今我所了解的关于莎士比亚的最佳解说读本,里面有我最喜欢、最尊敬的黄光穗老师的文学评论。看过这本书,你就能明白,为什么历时400多年,莎士比亚的作品仍不断被改编和重写了。

还有金瑞英(音译)的《我的无意识房间》《透过电影解读精神分析》,也都是值得反复阅读的经典作品。如果你觉得心理学太深奥、精神分析太复杂,那么我推荐的这两本书或许能改变你的想法。金瑞英从不避讳创作晦涩难懂的内容。她既是德高望重的作家,也是研究者,有着深厚的内容构架功底,所以能深入浅出。

有时候,我觉得有些书是某一天突然飞到我的房间的,犹如天使的翅膀一样散发着光芒。约瑟夫·坎贝尔的《神话的力量》就是其中之一。我觉得它在对我呢喃:"现在可以放心了。

有了这本书，一生要写的素材通通都有了。"在这本书中，神话和心理学的巧妙结合为我指明了写作方向。我从未停止打造自己的神话，也从未对此怀疑过。有时候你做的只是看得见的基础小事，但日积月累，你会感受到来自它们上层的力量，这些力量看不见但确实存在着，犹如信念。

文学和历史之间有着某种瑰丽的缝隙。文学不可代替历史，同样，历史也无法代替文学，但两者之间有着十分有趣的相似点。在娜塔莉·戴维斯的《马丁·盖尔归来》一书中，历史的真相和文学的想象力碰撞出了闪耀的光芒，让我懂得了"缜密的观察和探求真相"与"充满感性的文学想象力"二者绝不是相互排斥的，而可以形成完美的交集。

"我的一生，是无意识自我实现的故事。"这个开头犹如一个霹雳，开辟了人类意识观念的新领域。卡尔·古斯塔夫·荣格的《荣格自传：回忆·梦·思考》，一改传统的"意识的自我实现"理论，将着重点置于"无意识的自我实现"理论，并称我们内心深处的无意识会提升到明显的意识层面，最终变为现实……我认为，这便是人生。一本描绘内心的书竟然如同历史书一样，让人读来兴致勃勃。书中把个人的心灵历史延伸到了整个人类历史的层面。我们能凭借本能懵懂地感受到那个无意识的世界，却又无法明确解释它的存在，它既是我们丢失的潜力，也是我们有待发掘的无限潜能。

Q 请推荐几本适合旅行的书籍?

提及旅行,我从读者的眼中发现他们有对"说走就走"的渴望,以及迫于现实无法实现的惋惜。所以相比于以攻略为主的旅行书,我更想推荐几本旅行随笔,它们都传递着满满的人文情怀。

第一本是安托万·德·圣埃克苏佩里的《人类的大地》。这是一本自传,讲述飞行员圣埃克苏佩里在渺无人烟的撒哈拉沙漠探险的故事。昂利·吉约梅在安第斯山脉奇迹般生还,圣埃克苏佩里在撒哈拉沙漠迫降后历尽千辛万苦生存下来……全书充满冒险、刺激。

第二本是丽贝卡·索尔尼特的《行走的人文学》。相比于坐飞机、火车、大巴,行走可以让人更好地领略旅行的意义。这本书讲述了作者行走时沿途的风景和人文,值得一看。

第三本是人类学家洛伦·艾斯利的自传《所有的怪时间:一个生命的挖掘》。对他而言,旅行不是为了寻求幸福的闲暇活动,而是为了生存做出的一种抗争。父亲去世后,他搭乘内布拉斯加西部荒地的货物列车或邮政列车开始横穿沙漠。为了不让自己从晃动的列车上掉下来,他用绳子把自己的双手和列车捆绑在一起,随车驰骋在内华达沙漠,沿着求知之路、生存之路前行。他混在一群野蛮粗暴的流浪者里,一路颠簸,路过一个村庄时,甚至遭到警察枪击……历尽坎坷和周折后,终于获得了随心所欲地旅行的权利,抵达自由的彼岸。原本像折纸一样皱巴巴的感性翅膀,经过旅行的洗礼后总能像孔雀开屏一样华丽绽放，充满治愈的力量。

Q 如何培养求知欲和好奇心？

我曾以为好奇心只是小孩子的专利，随着年龄增长，它会一点点消失。但后来我发现，越是年龄增长，对这个世界的好奇越是不减反增，对此我也觉得有点新奇。人在二十多岁的年纪，其实很无知。想埋头苦学，但因为不知道自己懂什么，不知道哪里是缺口，所以也就不知道从何开始。因为不懂世界，自然也就缺少对这个世界的热爱。但现在就不同了，虽然一天天过着辛苦的日子，对于这个世界的热忱，以及对于生命的惊叹，却在与日俱增。

我以为小时候看过的童话书，长大后不会再有去看的欲望，但好像不完全是这样。等到成人后重新去读童话时，我发现自己用心理学思维模式去解读，视角会产生新的变化，激发出新的好奇。在我的印象里，《长发公主》是这世上最悲伤的童话，但后来重读时我有了全新的认识：一个被父母彻底抛弃的孩子努力去追求自己的梦，十分励志，这带给了我更深的感动。

也就是说，重读以前看过的文章时，我们会以全新的视角去挖掘和丰富它。想要写更好的作品，可以把读过的作品至少重读三遍。平时记笔记时读一读，思考时读一读，走路时读一读，睡前再想一想。保持这样的热情，才能保持对这个世界的好奇心。始终拥有好奇心也是我们保持年轻的一个秘诀。时常保持对这个世界的敏感，不让自己的触角生锈，这十分重要。

Q 您有没有一些特殊的读书习惯，对写作有所帮助？

有声读物、电子书、纸质书……我看书既不分形式，也不分时间和地点，只要一有机会，我都会努力去看、去听。打扫卫生、刷碗、上下地铁台阶，甚至在电梯里我也会听有声读物。听有声读物可以大大提高阅读量。每听完一本书，我就会写大篇幅的读后感，因为我知道，总有一天可能会写到关于那本书的文章。神奇的是，后来真的有写到那本书的机会。而当我找不到喜欢的作品的音频时，就会自给自足，自己录音再去听。朗读和收听的感觉是完全不一样的。

如果说选书有什么标准，我基本会选在该领域活跃10多年的资深作者的书。而经典书是放在手边常常翻看的，最近我也会挑选一些能和经典书搭配的近现代作品，比如弗吉尼亚·伍尔夫的《一间自己的房间》，搭配罗克珊·盖伊的《不良女性主义的告白》。一个是已故作家的作品，另一个是在世作家的作品。两本书并读时，我会感觉自己内心起了巨大的化学反应，会冒出独到的见解。

深入探索喜爱的作家作品，也是一个不错的方法。我就选几位简单说一下。卡尔·古斯塔夫·荣格、弗吉尼亚·伍尔夫、亨利·戴维·梭罗，每当读他们的作品，我都会有新的灵感，而且这些灵感大多与他们在书中讲述的故事无关，也许这就是伟大的作家所具有的光环效应吧。简·奥斯汀、卡尔·马克思、弗里德里希·尼采、威廉·莎士比亚、赫尔曼·黑塞，他们的书随意翻开阅读，也同样能激起新的灵感，使我们感到为自己的生命注入了清新的能量。

Q 不知疲倦地创作，其动力是什么？

外在紧张和内在紧张，对写作者来说，二者缺一不可。外在紧张来自交稿的压力，一想到编辑在等稿子就不敢松懈，必须加足马力日夜赶。但更难的是维持内在紧张，需要不断自我营造紧绷状态，就好像是要时刻提醒自己头上顶着个茶碗，稍微打盹儿就会将其摔到地上一样。我很容易在某个瞬间突然就感到疲惫，这时我会找一些和以前阅读风格不一样的书来看。之前主要是看一些文学、心理学方面的书，从中寻找灵感。但这时我会翻看一些哲学、社会学相关的书来换换口味，看了之后，就会有新的灵感萌生，整个人仿佛获得了重生的勇气。我对书的痴迷好像达到了某种境界，一类书给我带来的疲惫感，竟能通过另一类书来消除。我最近读的是和平时的阅读风格略有不同的《偶然的疾病、必然的死亡》一书，给了我不少灵感。其实欣赏下美术作品，或者听听音乐也不错，但书中早已囊括了一切。美术、电影、音乐、文学，我一直都对这几个领域保持高度关注，所以能一直有素材可写。它们蕴含着构成我人生的所有能量，以及明知痛苦但必须热爱的理由。如果生活中能始终亲近美术、电影、音乐、图书……灵魂就不可能枯竭。

Q 如何写出生动有个性的作品？

这是一个难题，毕竟写生动、富有灵气的文字不是我的特长。平时我会告诫自己，不要写说教类或者鸡汤类的文章。一旦放任自己，我就会忍不住想要写一些絮絮叨叨的感悟，就像根深蒂固的习惯一样。所以我会告诫自己放下这些执念，自己是什么样子就写成什么样子，而不是极力地加以包装和美化。《每日一页，世界最短的心理学课堂365》中有一篇文章写的是我会因朋友从来都不先主动联系而难过生气。我没有给那篇文章一个完美结局，而是毫不掩饰我的受伤，把被朋友抛弃的那种难过全写了出来。这对我来说是从未有过的尝试，因为一直以来我都喜欢以完美结局收尾。但在这本书中做了一次突破和改变后，我有了一种前所未有的释然感，感觉从那种必须要有一个好坏明确的结局的强迫心理中解脱出来了。我也体会到了，原来不加掩饰地去写自己的内心世界，是如此轻松和喜悦的事情。

当你不那么紧张不那么用力时，会听到内心和以往完全不同的声音，会让你更欣喜。去看看和自己风格完全不同的作家的作品，可以提醒自己不必陷入固定的写作模式中。比如读毕奥斯卡·王尔德的《道林·格雷的画像》、萧伯纳的《卖花女》，我就会萌生出也想以这种新视角写作的想法。或许这些目标，某一天真的可以达到。

Q 灵感枯竭时，有什么解决妙招？

世上没有一帆风顺的事情。越急切时，越需要停下来休息一下、走一走迂回的弯路，这样或许会生出一些新的灵感。有时候临近截稿日期，我却不得不厚着脸皮给编辑打电话，希望能再给一天时间。虽然这会让人无比尴尬，但有时候的确需要顶着这种窘迫，多争取几天时间。你可以去一趟近郊，清空疲劳和郁闷，再迎接全新的挑战。如果没条件去旅游，可以去看一个悲情电影，大哭一场，然后蒙头大睡，再重新开始。去冲个澡也会犹如重生，一身轻松。这时可以重新铆足劲投入创作。越是着急的、难搞的稿件，越不要硬着头皮去较劲，而要换换头脑，给大脑一些新的刺激。有时候，我会随便翻开一本词典，漫无目的地去看，或者去随机读几页荣格的书，脑海中就会有新的灵感闪现。散步、睡觉、沐浴、旅行、阅读、见见值得见的人……这些都是我平时喜欢的方式，而且都挺管用。也许我们经常会遇到写不下去的时候，但这时候恰恰会更接近内心的自我。有时候，有必要去听一听内心的呼唤："不要只是埋头写作，要学会写作与优质生活并行，提升自我。"

Q 写作瓶颈期该如何应对？

出去见见人。陷入瓶颈期时，一个人待着很容易变得消沉抑郁。越是想要做好，就越会陷入自我设限的圈子，困住自己。所以，这时不妨暂且把工作搁置一下，去见见一些想见的人。如果无法见面，电话沟通也可以。谈谈日常，聊聊近期看过的好看的电影，问问家人是不是安康……不讨论工作、不谈高大上的话题，有一搭没一搭地说些琐碎事情，心情会放松许多。瓶颈期中写作会很僵硬，所以需要放松下来，无论是身体还是情绪。你可以敞开心扉向朋友发泄一下；或者去看看画展，慢慢欣赏画作，让心情平静下来。这种体验完全不同于以往，会像炎炎夏日里一口凉茶下肚，让人感觉放松和惬意，忘却一切烦恼。要想做到在生活和工作之间自由切换，需要常年的努力和摸索，平时就要在生活中保持敏锐。捧一杯茶去感受它的清香，在厨房里熬一锅辣爽的泡菜汤感受"咕嘟咕嘟"冒着的香气，驻足欣赏枝头的烂漫樱花，从迎面而来的和煦微风中感知丁香花开的季节即将来临……去观察、去体验、去感怀，尽可能多地伸出触角去感受，然后再凝练成文字。彷徨的时间、犹豫的时间、发呆的时间……其实任何看似浪费的时光都有其意义。

Q 如何有效利用写作时间？

其实碎片时间不是说用就可以用的，因为不是有了时间就能马上去写，而是需要一个进入创作模式的预热过程。让身体、情绪、大脑都做好热身准备，再正式开启写作模式。如果只追求效率而忽略了预热时间，往往达不到预期效果。我先后从事过很多工作，所以对于在各种情况下让自己保持预热状态也有了一些经验和技巧。有一次接受采访，我说到会把平时坐地铁、坐出租车的时间都用来写东西，记者问："那什么时候预热？什么时候启动写作程序呢？"我脱口而出："一直都处于预热状态啊！"说出口时，我自己也惊到了。可能是我平时一直都执着于写作，所以身心时刻都处于一种紧绷状态。我觉得，闲适的生活节奏和激情写作，二者不可并行，必须舍其一。由于我做不到二者很好地并行，所以只能埋头去做一件事，选择了写作就只能舍弃舒适和安逸。不过，我希望大家不要和我一样，希望大家在写作之余也能很好地享受悠闲生活。有些人能够说休息就休息，说写作就疯狂写作，对于这种任何时候都能切换自如的人，我很是羡慕。

让自己时刻处于预热状态是一种基本技能，至少头脑里要记得当前作品写到哪一句了，让思绪紧跟状态，去思考下一句将要写什么。如果你热爱写作，就要把自己调动起来确保自己一直在预热状态，这样才不会错过有用的素材，达到理想的写作状态。

关于写作种类

Q 能展示一下您的自我简介吗?

可以,但是写得并不好。写自我简介时我觉得自己处于一种焦灼状态,因为这是一种带有目的的写作。平时我写文章,唯有"写出好作品"这个朴素的目的,所以写出的文字也饱含热情。但是为了投递简历而写自我简介,对我来说却是个小考验。曾经,我也是乖乖地按照简介模板去写,但却枯燥到让我连连打哈欠。当时我就决定,再也不要写这类文字,因为我知道没有热情和自由,人就透不过来气。作为一名职业作家,简历可以写得相对灵活些,但是如果是像大多数人一样面临着就职、跳槽,那简介就需要写得用心一些。在《那时来不及说给自己的话》一书中,我也写了一些这方面的内容。

写自我简介这件事让我有点头疼,有点难。

我要提交的简历是给"外界"看的,但是为了写这份简历，我要面对的却是"自我"。这时就会陷入一种尴尬、羞愧的状态，不得不硬着头皮去面对。

每次写简历或简介，都感觉自己内心的宫殿在一点点地瓦解和崩塌。瓦解的是自尊，崩塌的是自信。真正让人难过的是，当我想跟自己认认真真算一笔账，回顾业绩和成就时，总会发现我眼中的那个自己是如此渺小和不堪。

人的羞愧中往往蕴含着自尊。我觉得，一个人的存在价值是无法用简历这样简单几句话带过的。我深信寥寥数行无法概括一个人的一生，这是我写不好简历的真正理由。

最近我渐渐懂得，不必极力包装自己，爱你的人不管怎样都会爱你，所以也逐渐从极力表现自我这种强迫心理中得到解脱。正直、如实地记录一个人一生走过的足迹就是履历，没什么可自卑和害怕的。毕竟，相比于简历和自我介绍，更重要的是无法增减、无法替代的真实自我。

——《那时来不及说给自己的话》

写这本书时，我就开始考虑该怎么写作者简介。我想写出不被条条框框束缚、不被任何人精神绑架的那种简介。当一个人决定不被任何人精神绑架时，他就获得了真正的自由。

Q 写游记时最看重的是哪一点？
我会把写作当作一趟旅行，作者的心动了，才能打动读者。

我没有足够的时间和财富带读者去旅游，但可以把读者引领到我用文字造就的空间里，在这里畅游，欣赏风景。以书为专列，载着读者开启全新的旅程。这个过程中，既有责任的重负，又有喜悦相伴，但这种责任是我心甘情愿承担的，比如有些人热爱旅行但当前无法实现，那么在这场旅程中，我会尽可能满足他们的需求。

除了欣赏，领悟同样重要。要让旅行本身具有意义，而不是一路消费、一路制造垃圾。我所说的感悟之旅不是只顾饱览风景和拍照留念，而是一路学习并有所收获。我们要提前做好功课，去了解和收集与旅行地相关的作家、音乐家、画家的信息。当向当地人问路时，旅程会变得丰富、有趣许多。这两年的疫情让我思考如何让旅行和"保卫地球"结合起来，最终我想到了"可持续旅行"这个主题。所以，我平时会极力避免制造垃圾，去哪里都会遵守公共场合的秩序，不妨碍他人，管好自己。无论是欣赏艺术作品还是欣赏沿途美景，我都尽量不去打扰和影响其他游客。同样，我也不使用一次性用品、不去星巴克，尽量选择当地的一些小型咖啡馆。想要下一代也享受旅行的乐趣，我们这一代就必须爱护自然、保护自然。

旅行是让内心永不过时、永葆新鲜的体验。想要不被惰性和老套所束缚，不想错过旅行中最新鲜的喜悦和激动，就要趁它们没有失去温度前赶紧记录下来。明确自己所要前往的目的地，才能让读者搭乘你的列车。写作过程要愉悦，如果没有感到愉悦，就要改变整个写作计划。不要害怕写了一大段的文字再去删除它，不满意时删掉重新写就可以。出发地、旅途的乐趣、中转地、旅途的美好、终点站、旅途的快乐……在头脑中列好提纲后再去写，这对写作很有帮助。

Q 写书评有什么秘诀吗？

每读完一本书，我都会去思考这本书改变了我的哪些旧观念。写书评不单单是介绍内容，而是从它如何改变观点这一视角去观察和分析。写的过程中，我也会努力将其和当前的社会现象、时尚话题等结合起来。这时，书不是脱离世界的孤独的存在，而是与世界紧密相连，以万物之中的某个形式呈现在我们面前，这正是我想达到的书评标准。此外，写书评时丢掉命题写作的包袱，会写得更好。要不拘泥于体裁，专注于写作本身。我在《影子之旅》中写了不少这方面的内容，可以一看。

Q 在写作诗歌、小说、专栏和散文时，必备的一项能力是什么？

对诗人而言，重要的是语言的凝练功底——仅用几行文字就能捕捉世界的真实一幕。对于小说家来说，需要的则是通过故事抵达真相的笃信、超人的耐力、塑造角色的文字功底、构建情节的想象力，同时还要不轻易被他人的评价所左右，不自我设限。专栏作家需要的是，在任何恶劣的情况下都能挖掘出题材的敏锐视角和爆发力，以及平时密切关注现实社会的参与精神。而散文家需要具备这所有的能力：诗人的语言天赋、小说家的叙述能力、专栏作家的反应能力，以及能够掌控这一切的洞察力。我认为，能真正写好散文的作家，也能够驾驭好其他体裁。

作家应该是个出色的铁匠，有能力把奇异、琐碎的素材打造成"绝世武器"。而作为出版策划人，应该具备专业观察力和预知能力，如果有中意的作家，那么这个作家3年、10年后将写出什么样的作品，他也理应洞察得到。这样的策划人对作家来说无异于伯乐。时常有一些出版策划人，能预测我3年、10年，甚至20年后要写的题材。这样的策划人如果向我抛来橄榄枝，我会欣然接受。

Q 如果将来一定会写一本遗作，您会写什么？

这个问题很难，因为一旦回答这个问题，就意味着我在向读者承诺将来一定会写这样的书，这就更让我为难了。我不能确定自己一辈子都会写作，所以现在无法给出具体的回答，但建议倒是有几个。比如可以说说韩国的故事，那些隐忍、漫长、痛苦的故事，帮我们洗刷生命之痛的故事，在绝望中帮我们攥紧希望之绳的故事。我想写的，也正是这些。每当累到崩溃时，这些故事蕴含的能量都会犹如救援绳一样给我力量。读到一本好小说、看到一部好电影、读到某位名人的传记时，我都会被治愈和抚慰。同样,我也希望当读者疲惫不堪、黯然神伤时,我的文字能为他们带去一点点温度和勇气,就像久违地吃到妈妈做的家常饭,饭香袅袅,令人心头一热,重新燃起勇气。

2
EPISODE

每日写作
每日学习
每日感悟

提起笔，
放下一切

有时候写着写着，我会有很多困惑：这样写会不会有问题？担心这些故事会伤到某些人、担心描写太琐碎看起来不像故事，也害怕故事中蕴含了太多情感，招来读者"感情用事"的批判……其实，这种种顾虑和担心，恰恰是写作的大忌。可能涉及的人物，我们可以用首字母进行隐私保护。而把平凡的琐事写得不平凡，就要看写作功底如何了。就算是平凡的小事，只要能感动自己，那么也就能捕获读者的心。

当"感情用事"的想法折磨你时，要记住，强烈的情感才富有感染力，才能打动读者的心。

而这所有障碍中，最难跨越的就是内心的羞怯、对写自己故事的恐惧，尤其是在创作随笔时。小说家在写自传体故事时也会保持一种客观态度，因为"现实中的我"和"小说中的我"是两码事。从某个层面讲，把握好小说中的人物和现实人物的距离，很考验小说家的功力。而在随笔中，保持这种态度更不容易，因为随笔的魅力就在于直面真实的自我。读随笔时，读者最期待看到的，就是发生在作者身上的真实故事，希望能从中获得坦率真诚的力量，而随笔之所以感人，就是因为如临现场的真实感和生动感，给人一种从未谋面却又无比熟悉的感觉。当作者卸掉文字的粉饰呈现真实一面时，他的随笔也会升华到一定高度，感动读者。

写《那时我若懂得》一书时，我吃尽了作为随笔作家的苦头。对于写自己故事的种种羞涩、踟蹰、纠结，在那段时间时刻盘旋在脑际，让我品尝到了写作的悲伤与喜悦。写自己的故事总会有种揭开自己面纱的感觉，产生丧失感，但不得不承认，有失必有得。写作《关于四十》就让我感受到了撕开假面的快乐。最初取这个书名是为了强调年龄让我不满，而这本书恰恰就是围绕这个年龄前后的事情和感悟展开的，无法掩饰和隐藏自我……有时候人就是这样，道理都懂，但就是绊在小事情上，过不去那道坎儿，让内心"狭隘的我"占上风。当书名最终敲定为《关于四十》时，我终于因不必再掩饰而感到释然和解脱，既然大大方方地说出来了，年龄也就不再是什么事儿了。

那时，我听到了内心深处的召唤："抛开一切！抛开自己！抛开你的所有！没有偶像包袱时，你就能写出好的文章来！"这个声音比以往任何时候都更响亮、更诚恳，是长期的心理学苦读让我从他我和自我的斗争中创造出了新的自己。每当徘徊在人生的转折点时，我都有一种第六感——挺过这个转折点就能赢来人生的逆袭，而能够这样感知，也说明自我变得更强韧、更具智慧了。在写《关于四十》时，我完全放下了自我，曾经极力想要掩饰的年龄、失败的恋爱、挚友的离世、不那么光彩的家族史……通通都放了下来。放下的那一刻，也得到了解脱，一种新生的感觉油然而生。一旦改变就会像发生了化学变化一样，再也不可能回到以前的那个状态了，而我也更喜欢现在能够坦诚写作的我。

也许，在获得勇气之前，你总会怯怯地问自己："我可以吗？我有那个勇气吗？"但是，当你鼓起勇气去做时，就会发现，勇气并不是一开始就攥在手中的，而是在你去做那件事情时才获得的。也可以说，你去做那件事时，行动会赋予你勇气，让你攥紧。所以，尽管拿出勇气，丢掉那些重重顾虑。相比于羞涩，逃脱隐秘的牢笼更让人感到刺激。其实，独白的勇气源于渴望与读者交流。我平时很不喜欢说自己的事情，即便是和闺密见面，我也总是倾听的那个，很难开口说自己的事情。一方面是因为我性格内向，另一方面是因为相比于诉说，我更喜欢倾听。但在写作这件事情上，和读者沟通才是首要任务。

写作时我喜欢将蜷缩在内心的那个我驱逐到悬崖尽头，逼迫自己展开翅膀，像翱翔苍穹的青鸟那样飞往陌生的世界。其实，我最想了解和抵达的还是读者的内心。写作给了我无限的精神自由，所以在写作过程中我不会害怕"自毁形象"，也不再害怕秘密被窥见。如果我的文章能直抵读者内心深处的那片海，犹如一个小小的海螺恰好吹出声响，让他听了欣慰，我就会很开心——为能和读者成为亲昵的朋友，至少在恰好被读者听到的那一瞬间。也许正是着迷于这种感觉，我才能够在艰难的写作征途上欣然前行。今天是，明天也将会是。

我没有找到能够直抵读者内心的平坦捷径，所以自知要进一步钻研、磨炼自己的写作技能。尽管这一路荆棘遍地，但是我愿承受这份痛苦，只要我的文章能长出翅膀飞向读者内心，能为他们疲惫的内心带去一抹阳光……

每天成为更好的自己

在做文学创作讲座时,我经常会被问到三类问题:

第一类问题:写作的快乐是什么?我很想写好文章,但是一看到白纸脑子就一片空白。面对白纸和空空的电脑屏幕,我也一样会感到恐惧。很多时候,写作并不会让我快乐,而是充满痛苦,但最终,会从痛苦的土壤中开出喜悦之花。从这点来看,写作错综复杂又丰富多彩,写作者能够从中体会到发现自我的喜悦。这终究是一场心灵的冒险。在专注写作时,我们会发现不曾了解的自我,直面深藏内心的伤痕,得到治愈。触及心灵的写作确实能让人远离烦恼和痛苦——倘若不写作,我肯定是个急性子,喜欢钻牛角尖又不懂得照顾自己。即便当不了作家,写作肯定也会对我们的人生大有益处。那些文笔好的人,在任何时候任何地方都能让自己状态在线,展现自己最好的一面。

第二类问题:我到底是不是写作这块料?我害怕自己没有这方面的才能,老师您是一开始就写得这么好吗?这是与生俱来的吗？有些人确实有写作天赋，但把作家当作一个职业时，相比于天赋，更需要的是始终不变的热情和坚持。有时候，热情会弥补才能的不足，带来奇迹。每天朝着对的方向努力，才能实现梦想。很多学生时期参加作文比赛拿过大奖的人，后来也未必成了作家；我没有作文比赛拿大奖的经历，没有值得炫耀的成绩，却意外成了作家。其实，在不起眼的地方默默写作的人，往往在写作道路上走得更长久、更坚定。有些人尽管有天赋，但不经过长久的打磨，他们的天赋不过是没有刮开的刮刮乐而已。支撑着一个作家写下去的是勤奋和迫切写作的初衷，而不是"我有天赋"这种浮于表面的空想。保持清醒，每天写作，这才是作家真正该做的事。

第三类问题：如何捕捉灵感？您是怎么获得写作灵感的？您认为原创写作的源泉是什么？我认为，创造性源于迫切的表达欲和观察力。当内心的迫切和日常习惯性的敏锐观察完美碰撞时，就会诞生出好的创意来。同时，获得读者的认可和每天坚持不懈的写作会让我喜悦……这种写作本身带来的内在喜悦就是创作的根本动力。我在写作时能感受到自己又一次靠近"真我"的那种欣喜。至少在面对文字创作时，我会变得更温暖、更热情、更爱自己。在开讲座、录制节目、行走、吃饭、弹奏钢琴、演奏大提琴、和朋友谈笑时……诸多的"我"之中，我最爱的还是写作时的我。

我曾经写过小学时被孤立的经历，当时读者们纷纷来信，言辞里透露着安慰和心疼。"老师，我也有过被霸凌、孤立的经历，那种阴影会伴随一生，不会消失。但自从看了您在作品中写到如何治愈被孤立的阴影后，我得到了莫大的勇气。"当看到读者的这些来信时，我会很感动，因为写作可以像一双温暖的手，抚慰他人的心灵创伤。

如果因为害怕伤痛一味地逃跑，就不可能治愈伤痛。敞开心扉，把治愈伤痛的过程写给读者看时，读者就会走进作者的生活和文字世界里。对我来说，写作是"每天成为更好的自己"的修行。当你不害怕痛苦，而是勇敢地拥抱它时，你会发现，人生中的痛苦也是难能可贵的，而这时，你会发现自己更深沉、更强大了。能写作是一件值得庆幸的事情，通过写作，我们不必停留在漏洞百出的昨天，而可以变得更智慧、更坚强。

我终究
走上了那条孤独而布满荆棘的、
仅属于自己的路

"您每天都在写作和创作，难道不累不苦吗？""每天熬夜写作，您会不会也有厌烦的时候？""作品没有被关注和喜爱，或者受到批评时，您有没有想过放弃呢？"每当读者问这些问题时，我都会反过来问自己，是不是曾因为写作过程中的孤单和痛苦而想过放弃。或许有，但庆幸的是，我清醒地知道这不是写作的问题，而是我个人的问题。

有时候结果不尽如人意，或没能达到期望，我会对自己失望，但从没对写作本身厌恶过。倘若任何时候都能"下笔如有神"，那简直是无与伦比的喜悦。但即使是在灵感枯竭的时候，或是好不容易构思的创意不尽如人意的时候，依然要去写。长此以往，随着年龄增长，写作成为通往内心世界的冒险之旅，美好而神秘。生硬的元音、辅音符号相结合就能治愈或刺痛人们的心,这确实不可思议。

写作过程好比是脑海里发生了一场地震。在思想的底层一直翻腾的灵感,经过理智这厚重的地层后,终于如岩浆一样喷薄而出。不同于现实中灾难性的地震,脑海里的写作地震会产生美妙的结果,让你感受一吐为快的轻松和释然,重新轻装上阵。几年前,我和读者一起参加过一次欧洲写作游。原以为我最喜欢的写作和旅游二者合一,应该美妙无比,却没想到全程马不停蹄、风尘仆仆。一大早起来和读者一起开读书讨论会,白天从一个城市辗转到另一个城市,晚上又有写作课堂讨论……攻略虽然是我自己做的,却也让我真正体验到了体力透支的疲惫。我在大巴上打开笔记本码字,读者看了后很是替我担心。"老师,这大巴晃来晃去的,这样工作太辛苦了。""这样很容易视力退化的。"我也知道这样做很辛苦、很费眼睛,但我需要从社交场合抽离出写作的时间。从和许多人谈笑的社交状态切换到独处的工作状态,我喜欢这样的感觉。

读者又问:"我看您在大巴上也一直在写东西,很震惊,您不需要睡眠吗?"我当然也会犯困,但是暂且克服困倦,把游荡在内心之湖之上的字句用网捕捞上来时,那种喜悦胜过一切。"您这样不停地写啊写,难道不痛苦吗?"听到这个问题时我的回答几乎是脱口而出:"对我来说不能写作才是痛苦的,就像是丢失了贵重物品一样心里空空的。只有写作才能让我满足和踏实。"这些话虽然出自我口,是大实话,但我自己也被这一番本能一样的闪电式回答惊到了。因为热爱是不假思索的，哪怕一秒钟的迟疑也不允许。正是这份热爱，才让我在任何时候都拼命去写。

找灵感这种事情，不是在堆满物品的抽屉里翻找东西，而是在沙滩上寻找遗落的珍珠。如果人的灵感能像收纳柜里摆放整齐的衣物一样，每当需要时就能按顺序拿取，那该多好。但是，写作不可能这么轻松。如果每次都带着功利性目的去写，或者因为大家叫好就盲目跟从，那就很容易陷入模仿的诱惑或框架里。不是阅读量大，灵感就能像流星一样闪现；也不是经验多就能让灵感呼之即来。重要的是，任何时候都不放弃，即便面对差评，也要不悲不喜地继续写下一部作品，勤写、多写，让写作像呼吸一样成为习惯。

对我来说，写作就是一个听诊器，能聆听和诊断内心每个角落里低沉的呐喊声。尽管有时候会遭遇瓶颈期，有时候会烦恼、郁闷、备受煎熬，但我知道今天会胜过昨天，明天会胜过今天，每天的阅读和笔耕不辍让我感受到生命的跳跃和生生不息。这是最朴素也是最热烈的幸福。

关于写作的喜怒哀乐

有时候我问自己,为什么偏偏成了一位作家。每次我的回答多多少少都有些出入,但总结起来,无非就是——我深爱着写作,爱到情真意切、不能自拔。我不仅爱写作时的喜悦和快乐,也爱写作时的悲伤与痛苦。

第一,喜。写作过程中的快乐数不胜数。记得以评论家身份初登文坛时,我很渴望获得他人的认可,希望听到有人说"很喜欢你写的文章",所以有人稍微说点好听的,我就会没心没肺地高兴半天。身份从评论家转换为作家后,我体验到了更多写作的快乐。因文字而结识读者、因出书而结识编辑老师,这些友情都是我弥足珍贵的财富。

第二,怒。写作过程中生气,主要是因为自己,比如会责怪自己:为什么不能提前做准备?为什么不能再认真一些?越是临近截稿期,承受的压力越大。尽管在全力以赴,但我总觉得可以做得更好,总有点不甘心。每当遇到那些没读懂我文字的真实含义就随便留言、图嘴上一时痛快攻击我的人，我也会忍不住生气。但其实，这种愤怒最好还是早点丢掉。每当愤怒袭来时，我会领悟到讨厌不曾谋面的陌生人是一件多么无聊的事情，所以我会多去想那些珍视我文字、认真读我书稿的人，以此战胜对恶评的愤怒。愤怒百害无一利，但平息愤怒、重新振作的过程可以很好地磨炼自己的性情。

第三，哀。提到写作的伤心事，恐怕要说上一天一夜才行。倾尽所有读者评价却不好时、绞尽脑汁但头脑里的东西无法用文字呈现出来时，会开始责怪自己才疏学浅，感到自己无比渺小。有时候，梦中突然弹坐起来，睡眼惺忪地草草记下那些灵感，等到第二天看时抓破头皮也想不出写的是什么，让自己哭笑不得。慢性头疼和失眠，是大部分作家都会经历的。此外，一旦选择写作，不但生活作息，就连稳定的生计都无法保证。当初父母极力反对我写作，我自己也差点想过要放弃，但最终坚持下来了。我不去抱怨能力有限和周围环境，每天只雷打不动地写我的文字，哪怕寥寥数行，坚持下去，直到成为习惯……这就是推动我在悲伤中无怨无悔地一路向前的原动力。

第四，乐。喜怒哀乐中，乐排在了最后，我觉得这也是对"苦尽甘来"的另一种诠释。仔细一想，人生其实就是一个喜怒哀乐的过程。无忧无虑，在某个时候转为愤怒，愤怒又转为悲伤，最后否极泰来，悲伤又转为快乐，这就是人生。喜是一种瞬间的、主观的情感，相比而言，快乐更持久一些，包含幸福和成就感。写作的时候会因为和编辑意见不合，因为读者反响平平而操碎心。但经过这些曲折坎坷的历程，等到最后文字成册时就会想好好庆祝一番，恨不得像古代旧书院的画者一样，完成画作后，为每一位重要的人发去一封感谢信，郑重地告知对方"终于脱稿"。但是，我又怕这样会显得有失稳重，只能努力克制。写作的快乐在于可以因书结缘，多几个懂我、正视我作品的读者。自从开始写作，我变成了一个对过客之情、旧交之情都无比珍视的人，也变得更为坚强、更为温暖、更为深情。对我来说，写作的意义在于让我的人生像礼物一样呈现在读者面前，为他们带去慰藉。

畅销书作家的喜悦和觉悟

其实，我并没有想过一定要成为文学评论家或作家。只是从小开始，我就隐隐约约地想着，长大后要做那种以写作为生的人。然而，在真正成年之后，我才意识到靠写作维持生计是一件多么困难的事情。或许，从高中到现在一直跟随着我的烦恼就是如何只靠写作也能维持生计吧。因为写作入不敷出，所以我还做了兼职，比如开讲座和翻译。那个过程让我意识到自己并不适合写评论式文章，更适合敞开心扉写作以"我"为主体的散文。

有时，我心里分明有许多想要诉说的话，而接到的约稿却与它们没有任何关联。为了写自己想写的，我必须创造一个自己的空间，这指的不仅仅是一个物理空间，也是一个心理空间，让我可以随心所欲地写文章。同时，也需要有坚定的意志，即时刻准备写自己真正想写的东西，而不是别人要求的内容，并在任何情况下都要坚持下去。这种初心很难保持，但现在回想起来，也许正是那段痛苦的经历让我成熟了一些。

我出版的图书中，印刷次数最多的一本书是《我心中的欧洲TOP10》。我一生中最尊敬的老师、文学评论家黄光穗先生看到这本书荣登畅销书榜首的消息后，第一时间打电话跟我说，一个文学评论家竟能写出如此精彩的书，简直是"环绕地球一周的本垒打"！虽然这种夸赞让我感到受之有愧，但老师比我还要高兴的那份真情让我感动不已。黄光穗先生是在我情绪最低落的时期，让我庆幸自己成为文学评论家的人，也是一直鼓励我、告诉我"评论也可以富有创造性"的人，对此，我将终生感激。

"这是不是太商业化了？"果然不出所料，有些人如此评论。尽管之前有心理准备，但面对这样的指责还是让我非常郁闷。其实，这本书的写作过程与我之前的没有什么不同，我只是默默地写作，除了出版社编辑外，从未与任何商业相关人员见过面。然而，还是存在那么一部分人根本不看书里写了什么，只看封面、目录或畅销书排行榜就肆意批评和指责，这让我心痛不已。不过，相比于这本书受到的喜爱，这样的批评不值一提。如果说还有个小小的愿望的话，我还是希望人们能先好好地阅读一本书，然后再去评价它。

坦率地讲，被称为"畅销书作家"，我真的非常开心。而更让我感到欣慰的是，我终于让那些无条件信任我、爱我的人为我高兴了一回。不理解我为什么学习文学,一直不看好我写作的母亲,也终于理解了我,让我开心至极。《我心中的欧洲TOP10》让我意识到,以我最喜欢的旅行为主题,通过最舒服的方式写作,并且获得读者的喜爱,是多么幸福的一件事。

写作《我心中的欧洲TOP10》时,我把梦想去欧洲旅行的读者投票选出的目的地制作成目录,抱着回答读者提问的心态创作。我想避开"信息型游记"和"情感型游记"这两种游记的写法,写出充满人文气息的、本身就是文学作品的游记。可以说,《我心中的欧洲TOP10》实现了这个目标,是文学、读者和旅行三者紧密结合的产物。

到底是哪一部分内容获得了读者的共鸣呢?我深思了一番,应该是文章正好击中了想背起行囊游走他乡的读者的心吧。也有可能,这把火苗一直在往上蹿,而我一不小心往上面泼了油。说走就走的旅行是快乐的源泉,启程去旅行的那一刻真的会让人内心荡漾、神采飞扬,但因为种种原因而被搁置下来的旅行却是悲伤的种子,令人无比难过和沮丧。《我心中的欧洲TOP10》似乎隐约触碰了这种幸福和悲伤的交接地带,激起人们随时想登上欧洲夜行列车的冲动后,又迫使他们回到现实,面对身不由己的无奈。所以,我既感到骄傲又有点内疚,因为我刺激了他们本来就蠢蠢欲动的心。

出了一本畅销书后,要接着出第二本畅销书的压力也随之而来,这是一种绝对需要提防的情绪。我不希望写作时被"畅销书作家"这一称号所束缚，我想写能够抚慰痛苦、给那些陷入悲伤的人们带去慰藉的文章。过去一直是这样，而现在更是迫切。我想写那些在不为人知的地方，为了让世界变得更美好、更光明而奋战的人们的故事，也想写挖掘现代人痛苦的根源，直视痛苦并寻求治愈方案的文章，而不是空喊着"治愈"的口号。我还梦想着写倡导新生活方式的生态旅游或社区探访的相关文章。

误解和批评，
尽管向我开炮

　　写作意味着要准备好随时被误解、随时被批评。这是因为，无论你如何努力写文章，读者都可能只会阅读他们想要获取的信息，或是严重误解他们阅读的内容。曾有段时间，因为过于频繁地被误解，我认真思考过自己是不是应该沉默一阵子。但是，我们决不能屈服。对一个全身心投入写作的作家来说，最可怕的敌人不是低迷状态，而是因为别人的误解而宁愿保持沉默的自我贬低。误解只是一个暂时性的意外，它永远无法抑制我写作的激情，也影响不了我的一生。

　　如此，当读者的误解和批评令我苦不堪言时，我会试着通过阅读让自己平静下来。妮可·克劳斯在小说《爱的历史》中，对只通过手势进行交流的"沉默时代"进行了唯美的描述。据说，人类只是利用手指和手腕的无限组合就可以表达所有意思。而在沉默时代，人们的交流实际上比现在多得多。每一个手势都有自己的含义，每个人只要活着就会用手势表达，即使只是为所爱的人用手做饭，也会自然地传递爱意。

在"沉默时代"，只用手势表达意思往往会产生误解，所以人们时刻警惕可能发生的误会，一旦情况不妙就立马道歉以消除误会。比如只是因为鼻子痒痒而用手指蹭了一下，结果偏偏与爱人四目相对，对方可能会误解为"我才明白，爱你是一种错误"。据说，后来发展出了专门代表"原谅我，我只是挠了挠鼻子，我永远不会后悔爱你"之意的手势，而消除误会和请求原谅的手势已经演变成了最简单的形式。比如你只需要张开一只手，就能向亲密的爱人传递最重要的信息："请原谅我。"也许面对最珍爱的人时，相比于"我爱你"，"请原谅我"要更加难以说出口吧。生活在妮可·克劳斯所描写的"沉默时代"的人们，也许是通过更频繁地表达抱歉和原谅，拥有了比现在更纯洁、更平和的爱情。在阅读妮可·克劳斯的"沉默时误解会最少"的故事后，我想到，在沟通前我们就要先做好被误解的准备。

在写作时，最好接受"被人误解是难免的"这一事实。因为即便作者寻求再完美的表达方式，也会随时招来读者的误解。以前，我写的"要克服与父母冲突造成的阴影"相关主题的文章曾受到读者严厉指责。文章中，我坦白了自己童年时期因为父母过高期望而感到十分痛苦的经历，但写评论的人却曲解了我的原意，说"父母千辛万苦栽培孩子并送进名校，孩子却反过来埋怨父母"。读者的严重误解让我无比难过，当时我想，从今以后，我必须用温暖的安慰之词，以减少误解。也就是说，要在文章中表达如今与父母冰释前嫌，完全理解他们对自己的爱，才能减少人们的误解。

　　写作注定是一个人在茫茫大海里划独木舟的事，会招来各种误解，而你始终是孤独无助的。有时，你甚至会陷入幻觉，以为每个人都准备误解你。幸运的是，我还好，并没有被指责的评论所打倒，仍在写我想写的东西。我们这些写作的人，是不会那么轻易被打倒的。相比于读者冷漠的指责，我们更应该把焦点放在自己想写的更优质的文章上。如果能顺利跨过这片满是误解的海域，我们就会获得更深的理解和共鸣。所有写作者们，不要被别人的恶意评论所动摇，要做好被误解、被批评的心理准备。归根结底，相比于误解和指责，理解和共鸣的力量会持续得更长久。

写作时
最难过的瞬间

"我也想写作,只是,如果我当作家,生活会很难吗?"这是开写作讲座时最令我揪心的提问之一。每当这时,我都会坦诚地回答"很难",不过同时还会讲,相比于"如果从事写作,还能维持生计吗",更重要的是"如果放弃写作,还能活下去吗"。在20多年的作家生涯中,虽然我总是担忧"如果没有人找我约稿,那可怎么办",但我一直没有停止写作。因为我知道,如果我不写,那么我将根本无法活下去。在写作中收获快乐,固然很好,但我不得不承认,写作是90%的痛苦和10%的快乐。我想,在韩国以写作为生的大部分作家都是如此吧。虽然被称为作家,但同时还要做兼职的人很多,其中也不乏要同时兼顾育儿、工作和写作,像陀螺般不停旋转的女性。

在写作生涯中,最让我悲伤的事情是失去亲爱的作家朋友和同事。在金锦姬自愿放弃李箱文学奖的优秀奖后,李箱文学奖的不公正条款为人们所知。文学思想社拟定的合同条款中规定，李箱文学奖获奖作品的版权须转让给出版商3年，作品名不得用作该作者的作品集书名，获奖作品也不能收录在其他作品中。之后，尹异形发布封笔宣言，关于李箱文学奖的争论愈演愈烈。还好，后来随着获奖作家和其他作家的抗议，以及读者的抵制，文学思想社彻底修改合同条款并正式道歉。尹异形宣布封笔后，我彻夜难眠。"为什么我们要因文学思想社的过错而失去我们宝贵的作家？""出版商代表为什么听不到作家心中悲愤的呐喊？""必须要找回我们心爱的作家尹异形！"起初我满腔怨恨、愤怒，之后就迫切地希望她回归，甚至整夜心情激动，久久未能入睡。

尹异形以封笔相抗并非因为她特别敏感或抑郁，也不是因为她讨厌写小说。恰恰相反，她真的很想写小说，真的很想在正常的环境里写作，所以甘愿冒着所有风险去斗争。因为再也无法忍受作家在一小撮人任意妄为的环境中受尽屈辱地写作，她展开了斗争。我和喜欢尹异形小说的读者，以及所有热爱文学的人们，立志要把尹异形找回来，阅读她的下一部作品。我十分理解她因太热爱写作而不得不放弃的绝望心情。

不久前，一个眼睛明亮的五年级小朋友拉着妈妈的手来听我的课，对我说："我也想像您一样写很多很多的书。"但愿，这艰难而残酷的世界不要使这个小孩的梦想破灭。希望无数想写作、热爱文学、认为没有文学就活不下去的作家，拥有无须担忧稿费、没有生计压力的写作自由和与优秀出版商合作的权利。

不仅是文学思想社，还有将作家版权作为筹码以获取不当利润的出版商，将作家换算为作品值几万册来算计利润，还有压下稿费不及时支付、让作家流泪的出版商，但愿他们能有所醒悟。只有真正珍惜和热爱文学，真正尊重和关心作家的出版商才有资格颁发文学奖，才会把作家紧紧地团结在一起，读者也会响应。有人告诫我，不要得罪出版商，说"即便讲了，也只有你自己会受到伤害"，但我不会再听信了。

所有热爱文学的读者，所有热爱书籍、热爱写作的人，都一直在关注着李箱文学奖事件。得知有很多人理解尹异形的痛苦，很多人热切期待尹异形的下一部作品后，我流下了喜悦的泪水。曾经，她是一位优秀的作家，我那么喜爱她，而在她豁出一切去斗争之后，我对她的爱更加浓烈了。我们梦想着没有人可以控制作家的版权，梦想着没有人能以版税威胁作家，梦想着作家只为写作而忙得不可开交，梦想着作家可以纯粹地专注于写作的世界。我们并没有太多的奢望，只是希望出版商能给作家公平的待遇、做正确的事，希望作家能够在一个公平的环境中工作，希望在作家简朴的乌托邦中能有更多的人实现梦想。但愿一心想成为作家的人，不要因为这一事件望而却步。请永远不要忘记，这场艰苦的战斗是为了创造一个未来作家可以正常写作的环境。

尹异形仍在顽强斗争，因为对她来说，写作如同生命。凡是读过她小说的人都会感受到,写作是她的生命,是她的血泪,是她耀眼的人生,是她永恒的爱。所以,任何人都不要妄自评价她的抗争。我不仅喜欢尹异形写出的所有作品,甚至喜欢她尚未写出的作品,所以我的内心无比挣扎,既想支持她心碎封笔的决定,却又企盼她下一部作品能够早日问世。

写作时
最开心的瞬间

我曾经写过一封信,题目为《致亲爱的玛丽拉姨妈》,那是突发灵感而写下的。当时,我希望站在玛丽拉的立场上看绿山墙安妮的来信,也希望站在安妮的角度给玛丽拉姨妈写信。小时候,我满脑子都是安妮的痛苦,像一个浑身长满刺的小刺猬,发誓"决不饶恕欺负安妮的人"。长大后,我却不觉间理解了随时要提防安妮攻击的玛丽拉了。玛丽拉看似冷漠而理性,但坚硬的外表下是满满的爱意和无尽的温暖。安妮唤醒了玛丽拉心中对爱的无限渴望,让一座休眠的火山喷发出来。实际上,玛丽拉是一个爱人爱得太深就会有负罪感的禁欲之人。然而,在遇到安妮之后,玛丽拉意识到了尘封在内心深处的对弱小生命的无限爱意。对于这样的玛丽拉,我想写信告诉她我的真诚和热情,以表达我内心的感激之情。同时,我又想,尽管我也一直很想给玛丽拉写信,但玛丽拉似乎更愿意收到安妮的来信。

于是，我变成安妮，给玛丽拉写了一封信——变成安妮写信是如此有趣，以至于我也像安妮一样喋喋不休，写得没完没了。

我永远无法忘记我第一次踏入带绿色屋顶的房子时您脸上的表情，有些惊愕，有些尴尬，还有些生气。从未有过家的我，心中充满了兴奋和期待，满心想象着住在那座漂亮的绿色屋顶房子里的人一定非常善良、温柔、深情。而在我看到您第一个表情的一瞬间，我就有了一种不祥的预感：在这里，我依旧得不到爱。但是，在我第一次见到马修叔叔和您，以及绿色屋顶的房子时，我就知道了，我会永远爱这个地方和这里的人。

您讨厌无用的闲聊，喜欢平静安宁，却每天从黎明到深夜都要听我没完没了地唠叨。仅凭这些，您就等于买了去天国的车票。您知道吗，我需要有人来听我无尽的故事。在一个朋友也不在身边的时候，我甚至会把镜子里的自己变成一个名叫"科迪莉娅"的朋友，恳求她听我的故事。绿色屋顶房子里的一切：您亲自布置的卧室和亲手缝制的被子、我第一次穿的精心缝制的衣服、漂亮的二层阁楼窗户，还有那片嘎吱嘎吱作响的木地板……所有这一切都是奇迹般的祝福，造就了今天的我。在那个房间里，我用蜡烛向远处的黛安娜发送过信号，也写下了上千封信，来提高我的写作水平，并通过算术和写作浇灌着我成为教师的梦想。我无法想象，如果没有那个带绿色屋顶的漂亮阁楼,我会成为什么样的人。对我来说,那个阁楼是一个美丽的大本营,我在那里实现了自己关于广阔世界的蓝色梦想。

我该如何感谢您呢,我亲爱的玛丽拉姨妈?您给予我的一切——那么多的回忆;一个温暖的家;世上最美味的饼干和茶;和黛安娜开派对的自由;在我把头发染成绿色后,没有一句指责地帮我把绿色头发剪得漂漂亮亮;我有生以来第一次吃到美味冰激凌的野餐;给我机会让我第一次爱上自己以外的人……我该如何表达对这一切的感激之情呢?如今,我已成为一名堂堂正正的教师,成为长得像我和吉尔伯特的孩子的妈妈,而且不仅仅拥有"房间",还拥有了自己的房子。我在绿色屋顶的美丽阁楼里浇灌的梦想终于实现了,而此时此刻一边思念着您一边写信的这个空间,正是我实现小时候的梦想的证据。亲爱的玛丽拉姨妈,您不知道我有多想您。我真的很想再拥抱您一次,拥抱每天在绿色屋顶房子里烤面包的您。我爱您,玛丽拉!

——《致亲爱的玛丽拉姨妈》

在写这封信的整个过程中,我都觉得非常幸福。也许,正是因为变成安妮给玛丽拉写信是我长久以来的愿望。有时,无须任何外界的刺激,我会邂逅在我心中、在我不知不觉间梦想过的主题。每个人都曾想过成为小说中的主人公,给另一个主人公写信吧。有那么一瞬间梦想成真，忘记自己是谁，和一个与我有些相似却又完全不同的人对话，比如小说中的人物，是写作中最幸福的时刻。

　　让长久以来的梦想成真，试着成为完全不同的自己，然后，鼓起勇气和别人亲切交谈，这就是写作教给我的保持希望和勇气的秘诀。当然，仅靠写作不可能创造未曾有过的房子，也不会让失去的爱回来，但即使失去了一切，我仍然可以通过写作与另外一个自己相会。

　　写作让我明白了，只要心态积极乐观，希望就一直存在。

形成自己的写作风格

父母可以传承给子女的不仅有优质基因，也有自卑感等缺点。好在我们拥有切断这种创伤基因链条的力量，那就是让"现在的我"拿出勇气直面自己的伤口，靠近"过去的我"，即心中那个永远长不大的小孩，去和他搭话并聆听他的故事，最后"收养"他。过去，我无法治愈我的伤口，但现在我有能力回顾过去，安慰那个孤独而疲惫的小孩了。

——《你总说没关系，没关系》

有些作品会让你感觉到自己的风格已定型，在写《你总说没关系，没关系》时，我就有这种感觉。写文章时很是辛苦，而写完后却有一种解脱感，因为我已经将在写作期间遇到的创伤，以及最终与创伤和解的过程都写进了书中。回顾这些年写的文章，从某一刻开始，展示自我修复的过程已成为我的写作风格。当我写下这样的文章时，我会感到更自由、更快乐。

只有在写作时走近完整的自己，我才能感觉到真正的自由，而这样做就会无可避免地遇到过往的痛苦。幸运的是，我已经不会像过去那样被狠狠扎伤了。长时间的写作训练，让我学会了面对伤口而不被刺痛的方法。另外，如果每天都稍微关心一下内心的创伤，就会意识到，这种创伤并不像以前那样可怕了。即使是伤口，当它们被爱时，也会变得美丽。在写《你总说没关系，没关系》的过程中，我见到了如此美丽的奇迹。

如果我们逃避伤痛，那么伤痛始终会以狰狞的面孔直视我们。但如果我们试着去安抚伤痛、与过往的痛苦和解，事情可能会有变化。在创作《你总说没关系，没关系》时，我正在经历和母亲的最后一次冷战。之所以说是"最后一次"，是因为自那以后我决心再也不和母亲冷战，打算友好地与她相处下去。当时，我还在为自己不确定的未来彷徨失措，想到即将步入不惑之年却仍感动荡不安，我无法原谅自己。与母亲的冷战让我无比痛苦，承受巨大压力，明明是相爱的母女俩，却总是争吵不断。那时，我终于明白，自己一直以来是生活在母亲歇斯底里的笼罩之下的。不想再这样屏住呼吸小心翼翼地生活，于是，我向尽管分开15年之久却从未真正放开过我的母亲宣布了自己要独立。当然，这并不是言语上的"独立宣言"（比如"现在开始我要出去自己住"这样的话），而是用文字发出的"独立宣言"。这不是单纯地离开母亲怀抱走向独立，而是要用更深的爱去拥抱母亲的宣言,所以当我用文字来表达时难度就增加了许多,最后,我将它写成了《你总说没关系,没关系》的序言。我终于明白,我和母亲之间一直以来的矛盾,其根源就是母亲内心那个没有被治愈的小孩;同时也明白,我必须先去治愈母亲60多年前就已经有了的伤痛,自己才能得到解脱。

母亲从未对我们露出过满意笑容,也从不大力夸赞我们。因为有这样的母亲,我们三姐妹也未能学会从容而真实地感受幸福。我们遗传了无论是开心还是悲伤,都无法完好地享受生活的基因。直到最近,我才意识到,为了克服这种创伤我已经彷徨了二十多年。我似乎有了一些感悟,现在到了"收养"和治愈自己的时候了。

创伤就像一根刺,长在我的体内,刺穿了我的肉体。创伤的种子通常来自外部事件,而之后却是我们自己来浇水、给予阳光,把它们培育成一棵棵参天大树的。如今,一直在相互折磨的我和母亲之间开始形成了一种比以前更牢固的纽带。母亲在前段时间给我发了这样一条消息:"汝佑,因为你过得幸福,所以我也感觉很幸福。"母亲的短信完全就是治愈我们之间所有伤痛的"灵丹妙药"。

即使是现在,我们也时常吵架,并且经常会发现彼此心中依稀可见的伤痕,但是我们不再以爱的名义强迫对方无条件地忍受自己了。如今,我已能够"收养"在远处独自悲伤的年幼的自己了，而又突然发现，在另外一个地方还有一个小女孩在哭泣，那个女孩不是我，而是童年的母亲。

1951年春天，朝鲜战争进入白热化阶段，在周边人"这孩子可能活不长了"的担忧中，母亲出生了。她在七个女儿中排行老二，看起来却像老大一样坚强。在没有儿子的家庭里，她为弥补儿子的空缺而果断放弃了她的少女梦想。母亲原本憧憬在没有性别歧视的社会翱翔天际，现实中却只能通过给女儿们创造学习机会来寄托自己未实现的梦想。虽然没有深厚的学识，她却比世上任何人给我的教诲都多。虽然她未能享受生活，却希望世上所有的光芒都能照耀着女儿的生活。我的母亲和世上所有善良的母亲一样努力，不要女儿经历自己经历过的痛苦。

幼年时期的母亲肯定想过，这个世界出了点问题，她要拼搏，要改变。面对这样一个小女孩，我想靠近她，紧紧地拥抱她，并告诉她："孩子，你现在很完美，去享受窗外阳光明媚的风景吧，去相信自己的无限潜力吧。你从未有过什么不足之处，你永远不必胆怯害羞，不要让那些可有可无的担忧来填充你的生活。只要不是透过沾满忧虑泪水的心灵之窗看世界，生活本身就是美丽的。哪怕是让人措手不及的灾难到来，哪怕来不及说再见的告别划伤我们的心，生活依旧是美好的。"以我的经验，果真是如此的。哪怕只是有那么一个人如同在河边戏水的小孩一样令你时刻牵挂，或者可以每天一起吃饭，可以在中秋一起赏月许愿，我们就是幸福的。你是耀眼的，你是美丽的。你一定要懂得，就像你内心深处有深深的爱一样，望着你的别人的心中也有生生不息的爱。我想"收养"这个现在是我母亲，而在很久以前，对世界只有恐惧和不满的那个小女孩。

——《你总说没关系，没关系》

就这样，我象征性地"收养"了我母亲心中的小孩，也就是我心中未愈合的伤口的根源，并至今还在温柔地呵护着。每当母亲伤害我的时候，我就想着她心中的小孩又发火了，然后内心就会变得平静，也能理解母亲了。从意识到母亲对我发火和生气是因为她内心的小孩没有得到治愈的那一刻起，我就决定再也不要责怪她了。因为我知道，母亲曾经和我一样，是个爱幻想的女孩，是个有才华却未能大展身手的孩子。如今，虽然谈过恋爱，结了婚，但她面对爱时却依旧是个傻瓜。当我开始这样理解她时，我们之间的大部分冲突开始得到解决。当我决定不问缘由地爱母亲心中尚未长大的小孩时，我就不再因为母亲而痛苦了。

写作拥有这种治愈和推动我们成长的力量。如果没有写作，我可能还在和母亲吵架，会把所有的伤痛都归咎于她，继续着在母亲面前不敢有任何举措的、胆小的"家长制长女"的一生。如今，我爱母亲，虽然偶尔也会感到失望，但我已经学会了远远地、静静地微笑。此外，写作不仅治愈了我的伤口、母亲的伤口，同时也抚慰了读者。有一天，一位读者寄来了一封信，说："虽然我从未见过您，但当我读到《你总说没关系，没关系》的序言时，总觉得您写的就是我自己，我也要好好呵护我母亲心中受伤的小孩。"

3
CLASS

完成一本书
要考虑的事情

写什么？

写作始于永不懈怠的探究精神。
一个从阅读、聆听、旅行和采访中，
不断调查、发现和研究的人，
就是作家。

在图书馆生活一年

在我读韩国文学硕士时，一位前辈曾对我说："你就天天泡在图书馆吧。"再没有比这更妙的建议了。在我茫然失措，不知道该怎么突破学习瓶颈时，前辈的这句话给我指明了方向。那时我并没有什么头绪，不知道读哪些书，只是病急乱投医，什么书都看。就这样，我在图书馆里过了一年时间，每天都去图书馆，用一本又一本图书的名字填满了借阅证。尽管读了很多书，但依然感觉像在漆黑的隧道里独行。在图书馆拼搏的一年，并没有带来立竿见影的效果。直到我写第一本书时，效果才开始显现。那时，我才开始对学习内容和写作方法有了越来越清晰的思路。挑选写作素材并不是简单的资料调查，在我还不明确自己要写什么时，大脑就在做探索与调查的前期工作，直到我找出答案。

找到适合自己的取材方法很重要。有些人喜欢去访谈一些名人来积累素材和灵感，有些人喜欢周游世界、增长见闻来积累素材，还有些人喜欢盲目地翻看旧报纸或期刊，从中寻找灵感。我喜欢采访、旅行，但最喜欢的还是读纸质书，所以从中获得灵感的频率最高。有时候，旅行一周也未必能获得一点灵感，写不出一字半句，但看书时，仅看几页就会浮现出新的感悟。在我的《学习的权利》一书中，我提到将学习本身当作取材途径：如果你不停地阅读，那么你就会不断积累新素材。阅读不是单纯为了写作，而是因为相信阅读本身是与世界交流的最美好的方式。

自由地利用图书馆资料就是取材的过程，里面不仅有书籍，还有杂志、报纸和各种文件。在图书馆里，我们既要会用图书管理员的眼光看书，也要能用文献学家的眼光看书。用图书管理员的眼光看是指珍惜一本书，真诚地希望把这本书介绍给读者，这需要过眼无数藏书，直至产生一眼就能辨出的洞察力，准确地识别出谁需要这本书。用文献学家的眼光看是指能够辨别什么是重要内容，即使在常人无法辨别其价值的非常陈旧的文档中，也可能隐藏着非常重要的内容。必须要带着火烧眉毛的紧迫心情去寻找材料，那才是文献学家的态度。

在图书馆里，我变成拥有敏锐洞察力的图书管理员和文献学家寻找资料，过程就像探险一样，令我非常开心。每当发现一本好书，我都会高兴得手舞足蹈。即使读的书没有预期的那么好，我也总能有所收获。看最近的书评，人们似乎对赞美很是吝啬，比如对于某篇作品，我认为翻译得很好，但也有人很严厉，抱怨说"翻译拙劣，感受不到原著的魅力"。看到这样的评语后，我非常震惊。我认为，我们应该在批评之前学会尊重。在指责和攻击之前，我们是否应该先了解一下译者在翻译这本书时付出了多少努力呢？我在图书馆学到的是尊重所有书籍，不管这本书多么糟糕，总有一些东西值得学习。至于伟大的书，更是每一页都是精华。如何珍惜知识，如何阅读，如何想象作者为创作一本书所付出的辛勤劳动，这些都是我在图书馆这一年的时间里学到的。

在顶级图书馆翻阅资料也是很好的学习机会。建议去查看众多藏书和定期出版的刊物，做分析和比较，从中选出自己真正想要的资料。当看到中意的作品时，也可以单纯地阅读，不带任何目的和索取心，纯粹地欣赏自己喜欢的书。

我并不是说除了自己感兴趣的，就不能去看别的"闲书"。既然是调查取材，那就既需要海量阅读，也需要聚焦内容，深入调查，广度和深度都很必要。如果想了解拿破仑，不但要去读关于他生平的书，也要对他所处的那个年代有所了解。解读有关拿破仑心理的书为的是纵向分析，考察拿破仑所生时代的背景为的是横向研究。想要写好一个主题，两种深入剖析都很必要。

网络的发达使人们变得懒惰。在过去，查找资料需要我们亲自去图书馆，而如今，在家里上网就能轻松查阅各种信息。表面上，在家里上网，动动鼠标，想要的信息就唾手可得，但事实并非如此。书本上的知识未必就一定能在网上查到，毕竟不是所有的书都已经数字化。而且，互联网上的资料混杂着虚假、错误的信息，难以辨明。因此，我们需要更多地关注纸质文献，毕竟印刷品的错误相对较少。特别是由一位优秀的编辑在出版商大力支持下出版的书，通常比在互联网上随机找到的各种材料要好。如果你想写出更深刻的文章，就要成为一个不依赖网络、熟悉图书馆或书店的"文献学家"，因为最好的资源在图书馆，而不是互联网。

面对一本书，我总是在想，也许我不能完全理解其内涵。我不是悲观，而是在努力与我自以为无所不知的傲慢做斗争。无论多努力，无论读了多少遍，书中总有我永远达不到的深度。比如在阅读《德米安：彷徨少年时》时，我通常会很着迷，但有时我的心情也会变得很糟糕。我为什么要一遍又一遍地读这本书呢？又不需要参加考试，也没人要求我去读，到底为什么要这样做呢？有时，我真的不理解自己的这份热情。但过了一会儿，我又意识到了，那是因为尽管我读了二十多遍，但有些部分还是没有弄明白。值得庆幸的是，在我阅读这二十多遍的过程中，每一次阅读都更深刻地揣摩到了作者的深意，那种喜悦就像我写出了某些新作品一样。

在读一本书时，我会想，这本书总会有我想不到的地方吧。也就是说，文字中总是会隐藏着我捕捉不到的、更深层次的含义。不过，我也从未因此放弃探索。其实，读书就是以一种不自知的方式与不熟悉的世界交流。有时，你必须警惕阅读过于顺畅，因为太容易阅读意味着这本书没有真正的新意，没有哪句话可以深入思考。另外，让我们有所得的书会让人不舒服，有时由于太难了，我们甚至想把它扔掉。但是，如果克服这种痛苦并坚持读完，我们就会明白，精读一本难而精彩的书比快速阅读100本简单的书更有价值。

对我来说，阅读荷马的《伊利亚特》是巨大的挑战。完成这一艰难的阅读过程后，我写下了《学习的权利》中描述赫克托耳勇气的那部分文字。在阅读《伊利亚特》的时候我哭了，写作的时候我也哭了，甚至还收到了读者的来信，说他在看我写《伊利亚特》的那一段时也哭了。

> 因朋友的死愤怒不已，为了复仇而举起长矛的阿喀琉斯；为寻回儿子的尸体，拖着年老疲惫的身体独自闯入敌营的普里阿摩斯；为了心爱的祖国和特洛伊人，放弃了一切的赫克托耳……为了守护各自的国家、珍爱的家人和名誉而拼

命战斗的所有战士,都是《伊利亚特》的主人公。如果讨论赫克托耳的勇气,我想我们可能需要一个通宵的时间。与似乎总是相信有众神保护的阿喀琉斯不同,赫克托耳没有任何依靠。每个人都依靠他,但世上没有一个人可以让他依靠。

赫克托耳不相信命运或神,只相信他自己,相信自己的爱,挖掘出自己所有的潜能,变得无限强大。他为了保护自己所爱的一切,不顾自身安危,不留任何退路。赫克托耳的第一次战斗,也是最后一次战斗,因为他从未想过逃跑,他永远都竭尽全力,无怨无悔。

赫克托耳的勇气总是让我思考自己的人生,以及为什么我的勇气如此不足。或许,是因为赫克托耳的勇气不是拥有或征服某物的勇气,而是保护自己所爱之物的勇气,是众神都无法模仿的人类的勇气,是只能去面对死亡的人最耀眼的勇气。同样,它也不是强者坚信自己的力量而鼓起的勇气,而是弱者在自己都不知情的情况下,挖掘出所有隐藏的力量,最终用爱的火焰燃烧到最后的勇气。

——《学习的权利》

在写这篇文章的时候,我第一次痛彻心扉地意识到自己的局限性,就像很久以前爬汉拿山,我未能登上山顶而中途放弃的那种痛苦一样。当时我真的很想一鼓作气登上去,但是实在没有信心能按时安全地下山。山上的广播开始提醒游客该下山了,否则就不能在日落前安全回到平地。另外,选错鞋子也让我痛苦不已,那天我鬼使神差地竟然没有穿登山鞋,而是穿了一双7厘米的高跟鞋。我本来并没有打算爬山,但一时冲动就去了。后来,我的脚实在痛得厉害,就脱了鞋子,光着脚下的山,下山的路上眼泪止不住地流,而我的脚竟然没有流血,真是个奇迹。阅读《伊利亚特》也是鲁莽的挑战,就像穿着7厘米高的高跟鞋爬汉拿山一样。一开始,我甚至不知道为什么要读它,但最后我终于找到了答案,那就是我需要勇气。

请记住读者的眼泪

高中时,我第一次尝试写短篇小说。现在回想起来,当时的文字很拙劣、稚嫩,但我也非常认真地在稿纸上一笔一画写了一百多页。看来,心里有大量迫切想要倾诉的事情是非常重要的。我建议那些喜欢写作的朋友,即使心里想写的不是小说,也要尝试写一两部小说。因为在小说里,你可以成为一个完全不同的人,而散文大多是自己的故事。有一次,写一篇小说时,我摆脱了"十七岁、高中生、家中长女、某校学生"的身份束缚,创造了一个与我完全不同但内核仍是我的人物,这种体验非常棒。

当时,我的作品发表在校刊上,一位不太了解我的同学读了这部小说后哭得稀里哗啦,他说:"我在学校那么拼命地学习还是感觉时间不够用,而有的同学竟然在写小说,真是既奇怪又让人羡慕。她怎么会这样想？怎么能想出这么悲伤的故事？"当我听到这些时，再一次对能够想出那个悲伤故事的自己感到陌生，这是一种相当奇妙的体验。同时，这也是我第一次因为写作成了别人好奇和羡慕的对象。回到他的问题上来，我之所以有时间写作，是因为我会在午间和晚间消失，买一块巧克力或一盒牛奶，偷偷溜进一间空荡荡的教室进行创作，这样才挤出了时间。现在想想，那时的我真是一个特立独行的孩子。也许要成为一个作家，就需要有特立独行的勇气吧。

那是我所知道的第一位读者的眼泪。在那之前，我也喜欢写作，偶尔也会在写作大赛中获奖，但从来没有谁一边读我的作品，一边哭泣。这件事给我留下了深刻印象，是一次非常宝贵的体验。一个根本不认识我的人在读了我的作品后，完全了解我的内心，也许正是这段经历让我在内心深处预感到了自己将来会成为作家。

对于写作新手来说，文字能打动一个人就能获得满足。只要想到自己的文字竟然能感动这世界上的某个人，就会很受鼓舞，因而有了继续创作的动力。学习写作时，需要朴实的勇气，即使是伟大的作家，最初也是从希望有那么一个人读自己的文章起步的。不要想象不确定的大众读者，想想对你最重要的人，抱着要让那个人完全被你的文章感动的心开始写作吧。

心里要热爱，才会有好的文字涌现

人们似乎早已习惯了评判，看个电影也要给出几颗星，要去点击"好"或"差"。在我兼职做讲师时，最煎熬的便是接受学生的教学评价。大部分学生都能给出好评，但总会有几个学生给出几近带有仇恨的恶评。我真的不太理解这种做法。其实，一个讲师无论课前准备做得如何完美，也难免会有不足之处，而这不应该成为学生恶意攻击的把柄。有的学生甚至只专注于评价老师，而非认真看、听和思考；有的学生简直成了批评大师，堪称"评价恐怖分子"，难道这真的正确吗？赋予人们可以轻松评价别人的作品或活动的权利，会不会是一种错误呢？

不要去轻易评判一个人或一部作品，而是冷静地去细品其中的价值和意义，我称之为"鉴赏"。既然是鉴赏，那就不应该单纯地凭自己的喜好点击一个"好"或"差"。平时，我都是尽量点"好"，很少点"差"，尤其是对凝聚很多人的心血拍摄的影视剧，因为我无法忽视他们所付出的辛劳。当然，有时我也会觉得"这部作品确实不怎么样"，但即便如此，我也不会随意点"差"。因为对于我们是否具有评判他人的权利，我不太确定。当然，有时我也会批评，但会很小心地避免过于苛刻，我认为，这是谨慎地行使我们批评权的方式。

记得大学课程中有"逻辑和批判性思维"，但没有"情感和移情思维"。社会上，人们指责表达情绪的人易"情绪化"，攻击能感受到微妙情绪的人"敏感"，这相当普遍。但我感到快乐的那一瞬间并不是用"逻辑和批判性思维"做出冷静判断的时候,而是用"情感和移情思维"去拥抱他人的时候。我喜欢的那种写作是热爱和肯定某事。当你热爱写作对象时,才能写出好的文章。对某人的指责和厌恶可能会散发出强大的能量,但那绝对不会是积极向上的能量。描写与敌人奋战的勇士的故事时,应该着眼于对勇士的爱,而不是对敌人的仇恨。

格蕾塔·葛韦格的电影《小妇人》是根据路易莎·梅·奥尔科特的小说《小妇人》改编而成的,里面有一个非常有趣的场景:成千上万的人站在男性的角度或纯文学的角度批评主人公乔·马奇的小说缺少浪漫。对此,乔并没有照单全收,而是勇敢地进行了反驳。可在那之后,那些批评者的名字并没有留下,被人们记住的只有乔的名字,即奥尔科特的另一个自我。通过批评他人而出名的人的力量是薄弱的,因为批评容易,创作难。所有的作品,无论多么完美,都会有人批评。所以,如果有人在发表恶意评论或批评某人上浪费时间,我想阻止他们,对他们说:"如果有时间,请写出你自己的文章,哪怕只有那么一篇。"每当你想批评别人时,请不要忘记批评容易,创作难。只有创作者才能真正地生存下来。

取材时,最重要的是对采访对象和写作主题的热爱,那种几近疯狂的爱。对写作缺乏激情,只能写出不冷不热的文字。为了能写出一篇好文章,需要找到可以非常强烈地表达自己爱意的东西。我在创作《黑塞之路》中是如此,在《凡·高,我的凡·高》中也是如此，对赫尔曼·黑塞的强烈共情、对凡·高的同理心使得我写出了这些书。写一个已经被许多人喜爱的人要困难得多，因为你要挖掘别人尚未谈及的魅力和未曾发现的优点。为做到这一点，你必须以更深沉的爱、更强烈的热情去关注这个对象。我写《影迷日记》的时候就是这样，为了写好文章，我看了五遍电影，深深地沉浸在电影氛围中，以至于几乎可以背诵整部电影的台词。如果你也能这样努力地挖掘，那么你终将发现写作对象不为人知的价值，写出新颖的文章。

我并不认为是凡·高的抑郁和癫狂造就了他那些伟大的作品。在我看来，凡·高之所以能从抑郁和癫狂、对心理阴影的恐惧中自我解救，是因为他自身的顽强意志，他的作品也因此散发出更加独特的魅力。凡·高的艺术世界，是他为得到自愈而做出痛苦抗争和挣扎时诞生的。他不是将痛苦作为素材来创作艺术，而是用对抗痛苦的顽强不屈的勇气来创作每一幅作品。

凡·高热爱生活、艺术，渴望爱情，正是这种热爱的力量使他完成了一幅又一幅作品。他生怕疾病会发作，因此非常努力地让自己在正常的状态下创作。生活抛弃了他，但他对生活的热忱并未减少。他虽被爱情冷落，但对于爱情始终保持热情。虽然被迫与正常的、幸福的、平静的生活隔绝，但他挣扎着与所有被"流放"的记忆搏斗，挣扎着在这个世界站稳脚跟。他没有用忧郁、癫狂或悲伤的力量作画,而是用爱、感恩和不知疲倦的生命力创作。

那迫切的创作欲最终变成了黄与蓝,描绘出世界上唯一的向日葵和星空。当可怕的季风吹来时,他仍在画架上钉上木桩作画。即使在精神病院里,他也只为重新获得"绘画自由"而不懈抗争。凡·高一直召唤着我去某个地方:有他画作的地方;他曾走过的地方,哪怕只是片刻;他想出新点子的地方——对我来说,那些就是"凡·高的世界"。凡·高让只想躲在家里的、胆小的我走了出去,走得很远、很远。那就是凡·高给我的礼物,是他送给我的……他对我喃喃细语,让我超越生活赋予我的有限的视野,让我梦想着那些若留在家里可能永远不会看到的东西。他送给我的,是敢于梦想所有对我来说似乎不可能的世界、所有对我来说不被允许的世界的勇气。

——《凡·高,我的凡·高》

我爱你,但有勇气保持距离

表达爱的方式有很多种,可以充满激情,也可以冷静而克制。温柔平和的爱只有保持距离才能做到,对我来说,这很难。《黑塞之路》是我从一个狂热粉丝的角度写的,所以我几乎感觉不到任何批判性思维。但几年后,当我在写"经典云系列"之一的《黑塞》时,我却能够非常冷静了。一遍遍阅读黑塞的书之后,我看到了他的缺陷。但即使在批评的时候,我也很小心,因为我还爱着他。

对爱人的感情不也一样吗？即使知道他所有的缺点，爱也不会消失，对于我们所写的对象也是如此。即使是批评，也必须非常谨慎，不要损害你对他的爱意，只有这样的批评才能被听众正确地听到。没有爱的批评，听起来像尖刻的指责。赫尔曼·黑塞的《德米安：彷徨少年时》我读了二十多遍，《悉达多》和《在轮下》也至少读了五遍。之后，我对黑塞的爱比以前更加强烈，但也发现他和那个时代的许多男性作家一样，对女性的描绘很糟糕。在《荒原狼》中，象征黑塞"阿尼玛（男性内心的女性化意象）"的人物赫尔米娜出现了。发音也类似，"赫尔曼"和"赫尔米娜"。但是，对赫尔米娜的描述实在太肤浅、太不着边际。他只是将她描绘成一个感性的对象，一个诱人的女人。我找不到任何关于她生活的深入描述，以至于让人怀疑作者是不是一时忘记了她。像这样，只有爱与批评能并行时，我们与被爱者之间才会产生一种浪漫的距离感。我依然爱着黑塞，但他没有做到的事情现在已经清晰地展现在我的眼前了。

主题：什么决定
写作的方向？

有时，我会因思考某个写作的主题而忘记时间。找到一个可以全身心投入的主题并将其付诸写作是作家的乐趣。

 首先，找到适合自己的写作方法

我是以写书评正式出道的。在这个领域，出道意味着成为一个有稿费的作家。当然，在正式步入文坛之前，我就通过写作来养活自己了，虽然收入并不丰厚，但从研究生时期开始，写作一直都是我最重要的谋生手段。那时稿费很低，但因为写作是自己喜欢的事，所以我完全能接受。能够靠写作谋生真是太好了，而写书评给了我一个作家应具备的坚韧意志。

还是菜鸟的时候，我写书评没有找任何捷径，比如阅读新闻稿或浏览网上的书评。我只是读那本书，读三遍，在打字录入书中所有吸引人的段落、反复思考关键信息后，写下那本书是如何改变我的。第一个成果是我的处女作《小姐,在大众文学的丛林中看到希望》。因为那本书,才有了今天的我,书中重要的段落大部分都是我写的书评。

对于那些不知道该写什么或如何写的新手来说,书评是最好的写作方式,可以培养我们对写作对象的热爱、分析能力,以及在掌握文本的同时享受阅读的能力。我至今还记得我写书评的第一本书是《千高原》,当时写得非常艰难,但那是一段非常美好的经历。这本由吉尔·德勒兹和菲利克斯·加塔利合著的书非常难读,但又很精彩、很迷人。

当时,我写书评的方式如下:无论书多难,我都会仔细阅读,不漏掉任何一个句子,然后,抄录我认为重要的部分。因为手写太累,所以我都是在电脑中录入的。只是录入书中的重要部分,就有10张A4纸那么多,而稿件的要求是一张A4纸的量。于是,我又不得不把它缩减到十分之一。但书评不是总结,抄录只是正确理解这本书的必要过程而已。写作时,有些工作的过程不会被写入稿件,但对我来讲却非常必要,抄录就是其中之一。也就是说,即使终稿中不会使用原文的任何一个句子,抄录对写作者来说也是有帮助的,这是理解文本并对内容产生共情的最佳方式。

然后,在文档中写下"我认为的这本书的优点"。在阅读的时候,我会在书的字里行间做很多笔记。但是,之后抄录需要很长时间,所以最好在阅读时直接在电脑中录入笔记。就这样,当我把所有想法和感受与10张A4纸抄录的笔记整合在一起时，得到了20张A4纸的内容。这是渐入佳境了吗？这样下去，我什么时候才能写出1张A4纸篇幅的书评呢？但直觉确实教我这样做了。我觉得这样做才可以正确地理解这本书的内容，整理自己的感受，表现出写书评的人对作者应该保持的礼仪。我自己也认为这样的我有些可怕，但以这种方式阅读、记笔记，可以减少以后写手稿的很多麻烦。如果笔记空洞，最终还是要再返回去重新取材和分析的。

就这样，在编写出长达20张A4纸的头脑风暴笔记后，我把它打印出来并装订成了"我制作的新书"。接着，我开始与那20张A4纸的笔记搏斗，再次分析、思考，进行摘要总结，整理出了3张A4纸的内容。接着，我删掉了所有引用的句子，只是把自己的想法写了出来。然后，在再次将其缩短为三分之一的同时，我思考了更亲近读者的表达方式，于是书评初稿就出来了。当然，还没有结束。我只是勉强写完草稿而已。捧着这份手稿，我反复修改了三天。一遍又一遍地修改，大声朗读，给周围的人看，接受批评和表扬，获取新的建议，然后再改第二次、第三次，就这样来来回回改了十多次，直到完成。

终于，我的第一篇书评诞生了。经过这样的魔鬼训练后，我开始一点点明白写作是什么了。我并非向所有人推荐这种方法，只是不禁感慨，当我按照直觉去做时，竟获得如此好的结果。即使是写一篇书评，也必须尽我所能。无须因为它是书评，就必须要写成评论。你可以采用日记的形式，也可以采用给作者写信的形式。如果是小说，还可以采用和书中人物交谈或采访的形式。重要的是，要开发出让自己兴致勃勃的写作方法。当然，如果没有对写作的热爱，是不可能的吧？

于是，我通过写作明白了一点，即书评也是一种创作。没有人教过我，这是我自学的，我开发出了适合自己的写作方法，因为在学校教的写作方法中我找不到适合自己的。学校教的方法是让你先做一个图表，然后每天写大纲，很无聊。我希望能用闪亮的句子去点缀，而教材里都是教学生使用只剩下骨头的大纲，像盖房子一样去写文章……那些教材让我感到非常失望。写书评可以让一本书有机会在我的写作中大放异彩，同样，我也可以在介绍书的过程中讲述自己真实的故事。在写书评的过程中，我发现自己越来越渴望通过写作来表达自己，而不是展示书评本身了。

当我看着那些教如何勾勒大纲的写作教材时，不禁叹了一口气。写作是如此简陋的吗？我无法理解。看着那些写作教材，我反而有些讨厌写作了。写作必须是深入我的情感根源和潜意识的表达，要找出一种令自己快乐的方式。可总是让制作表格，让写下编号1、2、3，将其分为引言、正文和结论，或者以起承转合等想当然的形式来写作，怎么能够在这一过程中感受到快乐呢？这些规范化的写作方法会扼杀我们对写作的热情，与其相信这些陈词滥调，不如开辟一条让自己快乐的新道路。所以，我不能像其他写作教材那样，给学生们讲带有流程图的写作课。写作不是数学公式，我们必须要找到更适合自己的方式来获得无尽的快乐。希望大家能找到有助于寻觅这条道路的方法，一步一步地向前迈进。

首先，你要选出一个自己最想写的主题，然后开始写让此刻的自己满意的文章。先不要去想如何表达，而是要把发自内心的真实感受写下来。例如，最近不断有人鼓励我把自己打造成品牌，于是，我开始在记事本上写下："我不想成为一个品牌，我只想做我自己。"接着我便可以以此为主题开始创作了。回想了一下自己为什么会有这样的想法，说出来有些害羞，但我记得有人这样称赞过我："老师，您现在是一个品牌了。"这是一种恭维，但太让人难为情了。

我不是品牌，也不想成为什么品牌，我只想做我自己，毕竟这都没有充裕的时间。如果我成为品牌，公司会把我作为宣传对象、营销工具，我不想那样。我不想成为经营企业的CEO。我尽力反抗"制度"和"资本"这两个对象。如果没有抵制这两个对象，我可能会对"韩国文学博士郑汝佑"这个角色感到很满意。如果没有反抗这两个对象，我可能会对我的韩国文学专业感到很满意。但我在其中找不到自己，所以逃了出来，成为"作家郑汝佑"。结果，在我真正成为作家后，人们又总是说我必须成为一个品牌。现在这样真的很好了，即使没有成为品牌，我也爱完全没有修饰的自己。

应该写什么样的作品、要通过什么样的作品来记录真实生活，这些问题对我来说很重要。所以，我没有时间成为一个品牌，不想被韩国文学博士或作家的头衔束缚。如果"郑汝佑"这个名字以后成为绊脚石（有时，我的名字可能会像文身一样定义我的身份），我想用没人知道的笔名来写作。如果专注于名气，我就不会每天都写得这么辛苦了。我最喜欢的写作状态是即使没有人在看，即使没有出版合同，我也会继续自由地写作。

回想起来，每当被别人拒绝的时候，我都会变得更加坚强。每一个被拒绝的瞬间，都成了磨砺自己的机会。我被某人拒绝过，也被某种关系拒绝过，但我并不想通过塑造一个完全不同的自己，来获得他们对我的才能或地位的认可。我不想成为一个他们无法拒绝的我，而是想做一个即使被他们拒绝了，也真的没有关系的人。相比于成为他们无法拒绝的人，我更希望自己即使面对他们的拒绝，也能坚守自己的信念。如今，我还是不擅长社交，害怕人际交往，但感受到了和以前不一样的舒适。我不想装成人们喜欢的样子，只希望能够和喜爱完整的我的人们进行更深入的交流，希望能在我的人生一点点扎根的思想沃土上，把自己培育成一棵更美丽的参天大树。被拒绝也没关系，拒绝不是死刑。我想见到那个尽管被拒绝但仍然很好，并且值得被爱的我。当发现自己即使被拒绝也不会崩溃、即使被否定也依然坚强时，我已成为更丰沛、自恰的人。

——《被拒绝的那一刻，遇见真我》

《首尔经济》，2020.01.31

对想写的主题，有不可阻挡的爱意

无论什么时候，接到写关于黑塞的文章的约稿，总会令我兴奋。也就是说，对我来讲，黑塞是一个永不枯竭的灵感宝库。当我们学习了过多的逻辑性思维和批判性思维，情感就会变得匮乏。可我们受到的教育恰恰是关于逻辑性思维和批判性思维的。学校不会教我们如何去爱某事某物。我从来没有在课堂上听到过"爱"这个字。（也许，是因为只有文学课的话题有"爱"，我才会爱上文学吧。）在所有的课堂上，老师总是教我们写作技巧和读逻辑文本，并要求克制过度的情绪表达。为什么要如此克制呢？情感充沛多么可贵啊。我们没有学会正确地表达自己的情绪，在最需要表达的时候，已经失去了表达的能力，而写作的第一步就是恢复热爱文字的能力。

如果确实没有很好的写作灵感，则需要训练自己寻找主题的能力。首先，给自己制订一个计划，每个月读一本书，如果你能加入一个像读书俱乐部这样的团体，那就更好了。与其一次性评论一本书，不如逐章去写读后感。这周写《学习的权利》第一章，下周写第二章，以此类推，利用一两个月逐章写评论。

它会比一次性评论一本书更容易、更有趣。不要快速浏览书中的内容,而是要逐字逐句地精读,并慢慢地将不时出现的情绪记录到笔记本中。像进行头脑风暴般,自由地写摘要,然后再用摘要写新的评论。这样经过一年的训练,写作实力自然会大大提升。

这是一种我现在仍在做的训练,很有效。甚至在我极度敏感时,我没有一章一章地读和写,而是一天读一页,每天写一页评论。当你坚持这样做下去时,就会对这本书产生一种非常微妙的爱。人们喜欢快节奏的小说,像这样具有创造性、值得精读的小说正在减少,这很是令人遗憾。除此之外,我们往往只会训练如何概括和批评一本书,而不会充分理解和细腻感受每个句子。久而久之,我们对自己笔下的文字也会失去信心。另一方面,在进行概括一本书的训练之前,是不是应该进行扩写训练呢?我还进行过想象作者未来得及讲述的故事并写下来的训练。作者写了这个人物的哪个方面又删掉了呢,或者想写却没有写出来?我想象着这些部分并尝试着把它们一一写出来。任何人只要练一练,都可以完成概括,但是想象隐藏的故事并写出来,需要更大、更深的爱和想象力。更细腻、更准确地表达你的想法,比概括更重要。因此,不要只是练习概括,尝试一下双倍或三倍扩写,绝对更有效。

表达令人撕心裂肺的痛苦

有一个主题，如同成年礼，你必须至少写一次才能成为作家，那就是悲伤。没有什么主题比悲伤更重要。也许，正是因为悲伤，我们才会梦想着去不断创造奇迹。如果没有悲伤，如果没有痛苦，我可能不会写任何东西，而会去寻求更舒适的生活。我之所以写作，是因为我心中有悲伤，想要表达出来，进行化解。我最诚实地开始表达内心的悲伤是在写《我心中的欧洲TOP10》的时候。

有一天，小妹打电话跟我说，每次给母亲打电话，无论她对母亲讲什么事情，母亲在听完后总是要多问一句："汝佑过得还好吗？"为什么母亲不直接问我，明明可以随时打电话给我的？或许是在我这个未按她的意愿成长的女儿身上，她第一次感受到了"无果之爱"带来的失落感。

电话里小妹的声音让我的心剧痛，我试图以忙碌为借口敷衍她，可下一秒小妹说的话让我觉得更加难受了："那个，大姐……妈妈一直在等着你呢。"

这简直是晴天霹雳，为什么母亲还在等我？我离开母亲的怀抱，完全独立，已经10年有余了。上高中的时候，每天上完晚自习回家都快11点了，母亲总是等我安全到家后才会睡觉。我上大学的时候，她也总是要等到喝酒喝到深夜、见面不会讲一句有人情味的话的冷漠女儿回家后才会躺下。我以为，自己年过三十，却依旧执着于母亲如此反对的文学，脱离了"正常生活"，现在母亲怎么也应该放弃了吧。也许没有孩子的我，可能永远都无法理解母亲苦苦等待的意义。也许，母亲是在等我的好消息，或者说无所谓是什么消息，只要能听到我的消息就好。

我出版过很多书，但始终没有一本献给母亲。虽然有些担心，这本书可能会让母亲感觉是即将离去的女儿突如其来的告别，但似乎无论我去哪里，母亲都会默默地理解。母亲有一种超能力，可以从她固执沉默的女儿的眼中洞察一切。10年来，每次我背起行囊毫无计划地去欧洲旅行时，母亲从未说过"为什么又要去旅行，毫无用处"。在写《我心中的欧洲TOP10》时，在每次我的书出版时，母亲总是一边唠叨"你为什么写得这么难"，一边还要戴上老花镜，忍住眼睛酸痛读到最后。那个没有经济能力带母亲一起去欧洲旅游的女儿，第一次想把自己写的书献给母亲，请求母亲原谅在那美丽的欧洲独自幸福旅行的不孝女。

面对肯定会摆出一副冷冰冰的表情，假装没看到我的书的母亲，我要自豪地讲：

妈妈，这本书真的不难。因为我写的是我的身体经历过的世界，而不是头脑中空想的世界。

——《我心中的欧洲TOP10》

当我写下这一段的时候,感觉心中的一座巨大水坝坍塌了。据说,很多读者在读完这段后都流下了眼泪,我当时写作时也是泪流满面。即使是现在,当我读到自己写的东西时,有时也会难过,不是因为我多愁善感,而是因为我意识到自己内心还有很多悲伤,写不出来的比能写出来的还要多。原来当时只能这样表达啊,现在分明可以写得更好。我会一边这样抱怨一边哭。在我写这篇文章的时候,我觉得有些界限正在被打破。现在回想起来,这是我心中的一道坚固的屏障,将"可以写的主题"和"不能写的主题"分开了。现在,那堵墙轰然倒塌了。

我从未想过自己能写出如此深沉的悲伤和自责。有时,那些你觉得无法写成文字的东西,其实是你现在应该写的最宝贵的主题。有时候,你会手足无措,不知如何用文字表达如此复杂又让人抓狂的心情。这种令人懊恼却充满故事性的主题,正是各位要写的。

我至今还无法正式地写下我所经历过的悲伤的爱情,虽然这是很久以前的事了,但我仍然觉得"我不能写好这种悲伤"。在《不要安好》这本书中,我做了尝试,写了主人公们令人心碎的爱情故事。书中隐藏的主人公其实就是我。这本书是我悲惨爱情记忆的大熔炉。恋爱时,因为有太多复杂的想法,我从未做过真实的自己,从未完全沉浸在爱情中。从未感受过纯洁的爱情本身。所以,我对它仍然有一种恋恋不舍的感觉——本可以走得更远,却因内心深处的障碍而望而却步。也许,总有一天我可以写下它。

但我有更强烈的愿望，就是永远保守秘密。"我想把它写下来"和"我要珍藏这段记忆，不想用文字表达"的想法相冲突。我们不可能把所有的生活痕迹都写下来，写作应该有界限。但爱情如此珍贵，对于一个作家来说，爱情必将成为永恒的主题。我也想只将自己的爱情故事写成小说，假装不是我的故事，但我无法隐藏自己，仍然没有适当的距离感。如果我能彻底与自己保持距离，如果我能区分"因爱而受伤的我"和"能够无怨无悔、看着更成熟的我"，也许那个时候我就可以写出来了吧。

其实，我知道那一刻可能永远不会到来。我只想告诉大家，应该努力写下最让你受伤的主题。疼痛聚集得越多，伤口上聚集的能量就越强大，这样的能量能让艺术升华。所以，虽然人们往往认为伤痕累累的人只能过悲苦的生活，但从写作的角度来看，累累伤痕也是一笔宝贵的财富，因为伤口也让我们有机会更敏锐地面对世界。

如果我是一个在研究生院很受欢迎的模范学生，没有受过什么大的伤害，也许我就不可能成为今天的作家。我对自己当时没有被认可的愤怒如此之大，以至于伤口愈合后，我成为一名优秀作家的意志变得更加坚定。因为当时大家对我尽全力写的文章评价并不好，所以我更加警觉，深入思考"到底出了什么问题""我应该写什么样的作品"。当时没有被认可的伤痛现在也滋养着我，让我成为一个更好的作家。也是在那个时候，我意识到我必须和懂我的人一起生活，只有和能够理解我故事的人一起生活，我才会感到幸福。所以，写一个最令你心痛的主题，并尽你所能让最能理解这个主题的人理解你，你一定会得到相应的回应。要相信，你能把最痛苦的伤痛化作最耀眼的奇迹。

共情：如何打动对方的心？

写出打动读者的作品是最困难的，但也是最令人开心的。
我应该准备什么，如何写，
才能写出令人印象深刻的文章？

在写作中发现你我相似的那一瞬间

为什么作者越是讲述自己的艰难经历，读者越是喜欢呢？大概是因为作者把自己的痛苦当作柴火，点燃故事的火焰，温暖了那些在寒冷中瑟瑟发抖的人们吧。伤痛是一种媒介，我们可以由此紧密相连，即便彼此素未谋面。以前，我读金瑞英的《我的无意识房间》后很受感动，把这件事写在了自己的《影子之旅》一书中。我真的很想见到她，但不见面也没关系，因为我们的灵魂已经紧紧连在一起了。在阅读她的那本书时，我曾想过她是不是我的孪生姐妹，因为我们的烦恼极其相似：我想我们俩应该有相同的感受吧。我们两个人拥有相同的伤痛：明明写得筋疲力尽、呕心沥血，把自己的思想都燃尽了，却不能被这无情的世界认可。沉浸在这种思绪中的我，在《影子之旅》中写下了阅读《我的无意识房间》一书的感受。令人惊讶的是，金瑞英说她在阅读我的作品时竟也泪流满面。当时金瑞英的书还没有广为人知，她说我写的文章给了她极大的勇气，还说自己曾跟朋友说过"郑汝佑老师和我一定是前世的姐妹"。听到这些话，我欣喜不已，因为我也曾那么想过。我说金瑞英是我的"孪生姐妹"，而金瑞英把我当成"前世的姐妹"，虽然我们的表达方式不同，但情感却是相似的。那时我们素不相识，却已经成为非常珍贵的朋友。正是通过彼此的文字，我们有了完美的灵魂交流。写作就有这种功效，虽然执笔者从未见过，却比天天见面的人还要亲近。这就是共情的力量，也是写作具有的魅力。

痛苦的经历是将作者与读者联系在一起的良好媒介。有时候，作者越艰难，读者就越喜欢。当然，我不是说读者都是虐待狂。通常，我们不能很好地向别人诉说自己的痛苦，而我们可以把写作当作一种工具，帮助我们表达无法说出口的内心痛苦。写的经历越艰辛，读者的收获就越深。在知道我越痛苦，读者越觉得幸福后，写自己的痛苦反而觉得有趣了。当然，不是充满刺激和悬念的那种有趣，而是讲述痛苦的恐惧在逐渐消失。我终于明白痛苦是一种媒介，甚至可以将素未谋面的陌生人捆绑在一起。所以我希望大家不要过于害怕表达痛苦。当然，如果只是单纯地诉苦，没有人会喜欢听。但如果为痛苦赋予独有的意义，我们通过写它可以得到成长和治愈。

我最擅长的事情是回避伤痛。尽管年过三十，但我还是不知道如何面对伤痛。我曾以为，只要逃跑，伤痛就会像很久以前夹在再也不会翻阅的书里的枫叶一样，从我的记忆中消失。但伤痛是丛林中的伏兵，随时会跳出来。不是我拥有伤痛，而是伤痛拥有了我。不是我隐藏自己的自卑，而是自卑阻止我展现真实的自己。我只有一种选择，那就是与伤痛奋力一搏。

原来，我是害怕"面对面"这个词的，更遑论要面对伤口。我感觉自己就像一个还没有学会如何用枪就被派上战场作战的士兵。在众多伤口中，最让我难以接受的就是那个叫作"内在小孩"的家伙。我一生都在努力成为一个真正的大人，而内心传来的声音却是"原来你还是个孩子"。我之所以对"内在小孩"这个心理学术语如此抗拒，是因为它似乎摧毁了我努力建立起来的一切。我一直努力成为一个从不抱怨的稳重的大人，但感觉自己倒退成了"内在的软弱女孩"……我全身心地否认着"内在小孩"，"哪有时间去管什么内在小孩啊，光长大就让我忙得不可开交了"。但没想到，我第一次听到了里面传来的抱怨的声音，虽然很小、很幼稚，但分明是她的声音："因为你总是忽视我，才会这样啊。你越不理我，你就会越难受。不管你多么忽视我，我都不会完全消失的。"

好尴尬，这个小孩一直躲在哪里，现在为什么又出来了？我以为她很久以前就永远消失了，可现在却正在向长大成年的我寻求帮助。她就像一个冷冻人一样，屏住呼吸静静等待着，而听到"内在小孩"这个名字后，马上打了哈欠、伸了伸懒腰，仿佛从长久的麻醉中醒来，一脸急切地冲到我身边，哀求我去安慰她，要我把她扶起来。这很荒谬，但也是一件幸事，因为现在我有能力安慰我的内在小孩了。

——《关于四十》

那些只有敞开心扉才能做的事

孤立的痛苦没有任何力量，但是，如果你能与某人分享，这些痛苦或许能转变为写作的力量。把痛苦写下来，就有了与某人共同感受的机会。一位读过《那时我若懂得》的读者说，因为和自己有类似的经历，他甚至想过作者是不是和自己住在相似的小区、上过同一所学校，为此他还搜索过我的学校信息，并因为没有交集很是惋惜。看来，虽然我们所处的环境完全不同，但体验是一样的。

这就是同理心。尽管人们有着不同的境遇和性格，但受伤并希求治愈的人类情感的本质是相同的。即使有着完全不同的文化背景，但通过写作，通过描述痛苦，大家被连接在了一起。所以，我们必须敞开心扉，只有打开紧闭的心灵之窗，读者才会走近。如果你在想"我很想写，但不知道该写什么"，可能是因为你还没有准备好打开自己的心灵之窗。请把这扇窗户再打开一点，把对"这些也可以写吗"的顾虑抛开一些。那正是你要写的，那些你担忧可不可以写成书的东西，正是宝贵的写作素材。

害羞又高傲，却又拼命梦想着与大家交流的我，第一次敞开心扉写的书是《那时我若懂得》。当时过得真的很辛苦，我心想反正就这样了，要么敞开心扉，把完整的自己展现给读者，要么全部丢掉，不再写作。结果，那份真心好像终于触动了读者，那本书成了我人生中的第一本畅销书。但是，相比于出了一本畅销书，更让我开心的是自己分明触动了某些读者的心。要知道，在写文学评论或影评时，中间始终隔着文学作品或电影；而在写《那时我若懂得》时，我直接抛出了我的人生，不再有什么阻隔。

用棒球运动来打比方，有时，写作也需要打曲线球。当所谓"直球"的方式不起作用时，可以选择绕着去打曲线球，但打球还是要打直球，写作亦是如此。写作时，请把自己的人生当作球并勇敢掷出它。对于创作来说，没有什么比这更适合的了。

上写作课时，我会要求学生"用第一印象写作""用灵光乍现时的主题""不要考虑写哪个，就写下你脑海中浮现的第一个画面"。万事开头难,不要想着怎么来个漂亮的开头,直接写下脑海里最清晰的画面就好。《那时我若懂得》的第一句就是"我很讨厌同学聚会",没有任何技巧,却让我记忆犹新,因为那是我第一次在写作中展示自己直率的性格。我讨厌人多的地方,讨厌攀比的同学聚会,讨厌不亲近却假装很亲的人,也讨厌强颜欢笑、假装幸福的样子。这并不意味着我讨厌人,我只是需要真心交流的温馨聚会。就这样,起笔第一句,我就开门见山,公布了写作主题。如此,就从小处着手。在写《关于四十》时,我更公开地展示了自己,这不是炫耀,只是真实的我不小心跳了出来。因为我完全明白,只有完整地写出自己的经历,读者才有可能共情,并得到治愈。

虽然外表是成年人,但我内心胆小怯懦。其实我也有个内在小孩。当时,父亲生意失败,并因脑梗死而病重,我们家负债累累、支离破碎。我继承了父亲的债务,通过写作和讲课,辛辛苦苦地工作了11年才还清。在还清最后一笔债务时,我以为真正自由的日子到来了,但事实并非如此。当初,将债务丢在我身上的父亲、未能全力帮助我的家人对我说:"除了你,没有谁能扛下这些债务。"给我施加压力的所有人,我心里充满了对他们的怨恨与憎恶,并因此心力交瘁。在11年的漫长岁月里,我就像一只刺猬,拒绝任何人靠近。即便有人拥抱我,我也只会竖起浑身的尖刺。还清所有债务时,我心中没有喜悦,只有惆怅和绝望,因为青春已逝。更痛苦的失落感如潮水般涌来。每还完一笔债务,我都有一种灵魂被撕裂的感觉。赚钱越多,却没有越幸福,而是感觉更加远离了梦想。原以为只要还清债务,这一切就会结束,实则不然。还债结束后,真情实感涌上心头。潜意识中积蓄已久的各种怨恨和不满,也终于爆发了。我在外表上看似成年人,但心理上既不是成年人也不是孩子,而像个怪物。那时我才痛苦地意识到,是时候让现在的我拥抱过去的我了——我要用尽全力,拥抱那个为守护家人而奋力工作的我,拥抱那个承担了力所不及的重任的我。

遇到内在小孩时,成年的我必须主动与之交谈。内在小孩只会在一个意想不到的时刻以旧创伤的形式表露自己的感受,不能独自行动。当成人的我先搭话,并告诉她我现在懂了她当时的感受时,内在小孩才会开始倾听。然后,她会揭开隐藏很久的伤口,难过得开始抽泣。我曾对我的内在小孩说:"今天过得也很辛苦吧?对不起,一直说忙,没有听你说话。"这时,比过去长大了不少、留着短发的少女连连摆手:"没关系,现在没有你的帮助我也过得很好,快去看看别的小孩吧。"于是,我会跟七岁的我、十三岁的我打招呼,问候:"你过得好吗?"尚未完全得到安抚的无数内在小孩会躲在自己孤独的房间里,发出求救信号,而痊愈的小孩会开心地玩着石子儿或橡皮筋。

揭开伤口的那一刻,内在小孩尖叫求救的那一瞬间,绝对是一场危机，但也是一次难得的遇见真实的我的宝贵机会。如今，我似乎对受伤的两面性有了一点了解。揭开旧伤会痛得发狂，但也在那一瞬间，我心中生出了战胜伤痛的强大力量。

——《关于四十》

> 摆脱"我"，摆脱情感，那么还剩下什么？

你是从什么时候发现有"我"这样的存在呢？在你照镜子的时候？写求职信的时候？当好事发生时，抑或是坏事发生时？我呢，是在受人攻击时。平时，我是平和的，但当我受到攻击时，整个人都会变得紧张，因为我必须全力保护自己。尤其是当我自己和最看重的东西被侵犯时，我必须全力以赴。在研究生院写论文时，我有过一次不一样的经历。导师说："写作时，你必须摆脱'我'，摆脱情感，删除'我'这个主语，抹去所有唤起情感的痕迹，只用逻辑和理论写作。"这是我在写论文时经常听到的话，导师要求我们客观、合乎逻辑地写。但对我来说，这个要求听起来像是天方夜谭。我心想：不应该这样啊，难道我来错地方了？原来我是一个不小心来到这里的外星人啊！这不是因为我是从其他系转来学习韩国语言文学的，而是因为我无法勉强自己迎合研究生院的写作标准。要知道，我们不是仅靠逻辑生活的，我们是情感和理性的结合体，为什么要求我们单单挪出理性来写作呢？这样不就成了半截故事了吗？

这样做，会不会过度压抑，错过了不同人物的个性呢？

从此，漫长的彷徨期开始了。我想读研究生，但不想写论文。我想写作，但不想写他们要求的那种论文。我对学习喜欢得痴狂，对文学很是痴迷，却无法写出学院要求的那种文章。"摆脱'我'？摆脱情感？那还剩下了什么？"我不禁这样想。"我"的存在和情感的火花是推动我生命的能量。如果摆脱了它们，我还是我吗？于是，当我的文章掩藏不住自己的感受和性格时，就会被导师批评。但无论多么努力，我都无法隐藏它。当然，我也有逻辑，也有理论，不过它们只有在插上"感性"这双翅膀后，再配上"我"这个主体，才有意义。越是被不喜欢我的人打击，我就变得越坚强。这漫长的彷徨期持续了12年，直到写博士论文时，我一直是一只丑小鸭、一个异类、一个外星人。不过没有关系，因为我在校外是雄赳赳、气昂昂的。因为在校外，我可以写自己想写的东西。不知不觉中，我一直在寻找一个可以放开拳脚的地方，一个可以让我自由呼吸的地方。于是，我在校外开始了自己的写作生涯，而在我出版了几本书后，消息在校内也传开了。

我无法隐藏"我"的棱角，因为那是我的本质。所以尽管我是写了博士论文毕业的，却很难融入写论文的体系。我想在学校之外，成为一个更完整的自己，当然，这就意味着我找不到工作。只试了两次，我就放弃了，那两次的失败是痛苦的，但它们也让我有机会认清我是谁。我真的很想开始自己的写作，无须迎合任何标准。放弃找工作太难了，但没关系，与其赚更多的钱，不如选择一种更自我的生活。

即使没有成为你所憧憬的那种人，你也足够珍贵和美丽。最近我每天重复三遍"我很优秀"这个咒语，以保护自己免受"超我"散发的毒性的侵袭——后者一直试图贬低我。在不断地重复着"我很优秀"这句话的同时，我遇到了内在更强大的自我，她试图用我已经拥有的事物使我的生活更加协调。

——《致不关心我的人》

我很优秀，我不必拥有比现在更多的东西。我很清楚自己的缺陷，但这些缺陷并不会掩盖我原本的光芒。我的智慧和勇气已经足够，我可以在不依赖他人的情况下好好经营自己的生活。爱别人不同于依赖别人，我爱别人，但我不会依赖他们。

就这样，我以自己的方式解释和扩展了非常简单的句子，即"我很优秀"。就这样，我对抗试图忽视、批评和贬低自己的"超我"，理性地意识到了"超我"的自我仇恨是错误的。

——《每日一页，世界上最短的心理学课堂365》

✏️ 真的有人会喜欢我的作品吗？

写作的伟大之处在于你总是可以重塑自己。每次写一个新的主题时，我们都会有新的变化。另外，反过来想，如果每次没有新的变化，我们在写作这个领域就很难坚持下去。要不断地挑战新的主题，才能成为好的作家。如果写起来非常顺畅，这反而是非常危险的，因为所写的内容可能不是全新的，而是在不知不觉的情况下自我复制了熟悉且简单的内容。如果真的是全新的，写起来不顺畅才是正常的。写一篇新文章就如同开辟一条新的道路，困难重重。我可以这样写吗？这条路正确吗？真正的新奇总伴随着无尽的质疑、坎坷，以及步履蹒跚的进步。

当你走向真正的新奇时，你遇到的第一个怪物就是你内心消极的自我暗示：有谁会懂我？谁会读我的文章？没有人会喜欢我的文章吧……这种悲观心态，正是内心的敌人。我们必须打败内心的敌人，才能与读者交流，与他人感同身受。人们会喜欢我的文章吗？如果没有人看我的书该怎么办？如果担心这些，你将无法写出一个字。只有战胜这个敌人，才能前行。

在刚开始写作的时候，我认为"内心的伤口"是写作的障碍。无论走到哪里，我都觉得自己像个异邦人，感觉自己格格不入。但这只是杞人忧天。在某些方面，做一个真正的异邦人对写作很有好处。只有被疏离和伤害的人，才能拥有纠正这种错误现象的坚强意志。每当我鼓起勇气坦陈内心的伤痛和孤独时，读者都会一步步地靠近我。当我写《那时来不及说给自己的话》时，就是这样的。在这个世界上，我找不到一篇和自己想法相似的文章，所以我想写一篇文章来安抚自己。这一醒悟带来了很大的变化。当我完全接受自己可能不被理解时，我心中很奇怪地冒出了一股勇气。我暗自决定：通过写作克服内心孤独的那一刻，寻找和我一样孤独的读者，向他们展示我的文章。通过这些文章，我们便可以交流和共情。

梦想着发挥创造力的人，最应该提防追随流行趋势或屈从于大众口味。为了能够更清晰地倾听内心的呼唤，我制作了"自己的声音"笔记本。那里只有我自己的声音，无须在乎别人的目光。这本笔记本中尽是这样的涂鸦："管别人说什么，我必须写自己的文章。即使不能向任何人展示，我也想每天至少写一页纸。我必须用自己的眼睛去看世界，而不是被别人驯服的眼睛。我要照顾更多的人、更深入地关爱他人。"每次写出这些坦诚的句子，我都会变得更加坚强和勇敢。

——《黑塞》

写作的转折点

我决定写自己的故事，这是一个重要的转折点。我终于摆脱了"我的故事无关紧要"的想法。一个朋友给了我勇气，她说："现在写你自己的故事，别再去写评论了。我想听你自己的故事，而不是其他伟大文学作品中的故事。"她是我的恩人。但是，你知道我当时是怎么回答的吗？"我的故事太琐碎了，没意思。"我根本不喜欢自己的故事。当时，朋友很是惊讶地说："不是的，你现在万事俱备，可以开始写自己的故事了。"我害羞得脸都红了，说："还没有，我还差得远呢。"那时，我很难为情，好像我心中的一些重要的事情、一个不为人知的悲伤影子被人发现了。

回家后，我仔细思索了一番，觉得自己终于能够直面痛苦却珍贵的真相。原来，我不爱自己的故事，不爱我过去走过的路。尽管我尽最大的努力去经营自己的生活，却没有真正热爱过，我一直在讨厌自己，讨厌自己的故事。这一发现是如此让人心碎。朋友讲的是对的，我必须在写作中掺进自己的故事，这样才能成就真正的我。我不能再躲在伟大的作家背后，就像刀切面上的鸡蛋浇头，害羞地一点点地掺进自己的故事，而应该用人生这一袋面粉做属于自己的刀切面。有时我会觉得，如果我用尽全力抛出一个问题，世界总会给我一个答案。因为就在我为讲自己的故事而烦恼的时候，一位编辑邀请我写一本书，名为《那时我若懂得》。那位编辑给了我人生中非常宝贵的机会，让我以作家郑汝佑，而不是韩国文学博士郑汝佑或文学评论家郑汝佑的身份创作。

但是，当宝贵的机会真正来临时，我又开始担心了，觉得自己写不出能抚慰人心的文章。我问编辑有没有什么要求，是写温暖的、安慰人的书，还是当下流行的有关自我成长的书。

我说我写不出那种软绵绵的话。然后，我得到了一个令人惊讶的回复："你怎么想就怎么写，写什么都好。"我当时愣了一下，她怎能如此信任我？这是我第一次从别人那里得到无条件的支持，这只有非常亲近的人才做得到。那时，我既没有出过畅销书，也没有写过热门文章，所以底气不足。

我已经准备好讲述自己的故事，但不确定能否正确地表达。这位编辑的支持给了我莫大的力量。她说她读过我的《影迷日记》，很有意思，还想看看我的其他作品。《影迷日记》不只是一篇电影评论，而是一篇将电影与哲学联系起来的文章，虽不太大众化，可她还是发现了隐藏在枯燥文字中的"火花"。那时，我有种被一直企盼的伯乐发现的感觉，喜悦、感激，各种复杂的情感一下子涌了上来。原来，即便作为评论家写作，也总有人懂得我内心想成为作家的梦想。我非常感激那位编辑，之后，和她一起合作，又出了两本书，书名分别是《那时来不及说给自己的话》和《黑塞》。那些懂得我炽热的心，连我没有写出的内容也能想象并理解的人，才是最好的读者、最好的编辑。

这就是我们必须不断地向别人展示自己作品的理由。展示之后，才能进行交流。而在展示之前，不要去想"没有人会理解"这样的问题，妄自菲薄是在写作时最应该摒弃的情绪之一。当我们兴致勃勃地写下自己的故事并沉浸其中时，这些感觉就会悄无声息地消失。写作就是这样，蕴含着治愈写作者的力量。那两本书辞藻并不华丽，内容也没有多了不起，只因是

"我的故事",所以才弥足珍贵。切不可忘记,各位的故事都是独特的,从现在就开始写吧。而要做到这一点,首先,必须保持"我的故事很重要""我的故事本身就很宝贵"的心态。因为我们是可以通过文字相互理解并共情的。

如果说批评和创伤把我们的心染成了鲜红的血色,那么"更大的自我"的形成过程就是在将心中的小池塘打造成无边无际的海洋。无论鲜红的血色多么浓重,一旦混入汪洋心海,就无法发挥任何力量。如果你发现了内在"更大的自我",并让它不断地扩张和发展,你就可以建造一座不会让你受到任何伤害的无敌堡垒。

——《每日一页,世界上最短的心理学课堂365》

空间：采访空间、
创作空间

去了解一个陌生地方的生活，而不是停留在熟悉的地方，这样会有更多可取的素材。

更换空间，文风就会不同

我人生中最大的转折点之一就是写了《我心中的欧洲TOP10》一书。我之前一直关注文学，而将主题改为欧洲游记后，我的整个文风就变了。改变写作时自身的空间是个好主意，改变写作中作为描述或分析对象的空间也不错。如果不能直接改变，那么可以一边想象某个空间一边写作，也是有帮助的。头脑混乱时，看看关于水的图片很有帮助。搜一幅伊瓜苏大瀑布的照片并将其设置为电脑桌面，或者找一张有湛蓝大海的明信片贴在书桌上，一边想象自己身处另一个空间，一边写作，感觉就会很不同。我写《我心中的欧洲TOP10》的时候，写到布拉格一节时,我有一种强烈的感觉,即自己的写作风格正在改变。

有些地方无论你去过多少次,都不会感到厌倦。对我来说,罗马的特雷维喷泉和布拉格的查理大桥就是如此。无论男女老少,来到这里都会变成天真烂漫的孩子,开心地玩耍。

尤其是查理大桥,我去过7次,而每次去都能看到不同的风景和笑脸,很是感慨。查理大桥美得令人窒息,近500米的大桥,每一个角落都有极致的风景,每一尊雕像里都藏着经历多年风雨的人物的故事,就连人们倚靠在雕像上的背影,也成了一道独特的风景线。

在查理大桥上欣赏日落,会让你忘记所有烦恼!渡船缓缓驶入伏尔塔瓦河河口,夕阳西下,整条河流都被染上了金色的光芒。而当布拉格老城堡和其他著名地标被夕阳染成一片橙色和樱桃色时,四处奔跑玩耍的孩子、沉浸在浓情蜜语中而不知已近黄昏的恋人,都会停下来静静地望着夕阳。

当然,世界任何一个角落都有日出和日落,但这里的特别美丽。人们在高速公路上通宵开车,只为一睹东海岸的日出,有时还要坐十多个小时的飞机,前往查理大桥看日落。

就在我静静地欣赏日落时,一直试图忘记的悲伤一下子全部苏醒了,我的内心再次刺痛起来。小王子每当悲伤难过时,都会跑到小行星上,不断调整椅子的位置,追着看日落，一天要看44次。我现在似乎明白了，小王子为什么那么痴迷于看日落了。

查理大桥上的夕阳壮丽而凄怆，在其面前，我所有的悲伤就像小灯泡一样微弱地闪烁。我不禁怅然一笑，小王子也是这样看夕阳，再把所有的悲伤都抛向宇宙宽阔的怀抱吗？

夕阳下的查理大桥有些伤感，而灿烂阳光下的查理大桥却充满着爱与希望。我意外参加的最美丽的婚礼，就是在布拉格查理大桥上举行的（神奇的是，每次我去布拉格，都会看到一场婚礼，有的情侣在著名的布拉格钟楼下结婚，有的在查理大桥上结婚），就像在一个未经装饰的巨大摄影棚里拍摄一部浪漫爱情片一样。那位看似二十出头的新娘，笑容如洒在查理大桥上的阳光一般灿烂。那是一场简单的婚礼，没有礼金，也没有招待宴会。可这一切却给人一种更加浪漫的感觉。因为是天然布景，所以不需要花饰，走在桥上的人们五颜六色的装束看起来就像是真正的花朵。来自世界各地的旅行者，纷纷献上祝福。新娘和新郎则连连向人们说"谢谢"，并尽情享受着他们生命中最灿烂的时刻。奥斯卡·王尔德曾在《道林·格雷的画像》中很好地解释了浪漫与空间之间的关系："对于一个真正浪漫的人来说，背景就是或几乎就是一切。"懂得浪漫的人，就是懂得如何充分利用空间之美的人。在查理大桥上拥抱亲吻的人、牵手散步的人、举行婚礼的人、独自看着夕阳追忆旧爱的人，似乎都知道大桥是浪漫的居所。美丽的空间不仅是衬托人物的背景,更是巨大的容器,可以装载我们生活中所有的闪光时刻。

——《我心中的欧洲TOP10》

我写那篇文章的时候,并不想仅简单地描述自己吃了什么,做了什么,而是想写对布拉格这个陌生空间的纯洁的爱。这种情感也被称为"恋地情结"(topophilia)。对空间(topos)的爱(philia),是我盼望旅行的最大理由。以前,我的空间感很弱,即使在国内,也没有经常旅行,所以对其他地方的人如何生活没有足够的想象。是旅行让我对空间产生了兴趣,甚至对某些地方产生了近乎痴狂的热爱。

旅行时最好使用备忘录而不是照片来记录。如果只是拍一张照片,不记下当时的感受,以后写起来就有些吃力。通常,人们旅行时会花费大量时间来拍照,说"剩下的只有照片"。而对于取材来讲,最好是关注地点和事件本身,完全沉浸其中;所以,当我们真正沉浸在旅行中时,并不会太在意拍照或做笔记,而只会陶醉于与当地人的交谈、风景的美丽、艺术作品的奇妙。

若要感受对某个空间的爱,必须要去亲近它——第一件事就是长时间待在那里。之前,我曾在柏林住过将近两个月,没有正式的写作任务,只是想住在那里。我找了一家非常便宜的小民宿,然后以柏林为大本营去欧洲各地旅行。工作日我主要在柏林，周末我会去奥地利的维也纳、德国的慕尼黑、捷克的布拉格等地。像柏林人一样生活的那两个月，为我留下了宝贵的"地方记忆"，因为那是我第一次有"临时居民"而不是"旅行者"的感觉。我自己做早餐吃、在超市或市场购物、做垃圾分类、从当地面包店买面包、与当地人交谈，甚至买了一张柏林博物馆年票到处转悠。

　　我非常喜欢博物馆，所以买张年票比每次都买票便宜很多。为了购买柏林博物馆的年票，我第一次在国外拍了证件照，现场拍照非常方便。那时我才知道，那种陌生而又简单的体验，就是"作为柏林人生活"的魅力所在。有时，我只是漫无目的地走，没有设定具体的目的地。写完《我心中的欧洲TOP10》后，我有更多的闲情逸致去做这样的旅行了。所以，在写续篇《我珍藏在心中的欧洲TOP10》和《内向的旅行者》时，我想写出一种"临时居民"，而不是"旅行者"的感觉。旅行者是短暂路过的异邦人，而居民是融入其中的当地人。我终于感受到了两者的不同，对柏林的爱亦越来越深了。至今，我仍然想念我在柏林经常光顾的餐厅，那里的店员永远都是那么友好，食物也很美味。

　　当你对一个地方充满热爱时，写它时就会自然而然地兴奋起来，就好像"灵感之泉"从内心涌出一样。只需写下一小部分我在那里的经历，我对那个地方的热爱就会重新燃起。

哪里舒服,就去哪里

经常有人问我关于写作场所的问题:您平时在哪里写作?写作的时候有没有什么特殊的习惯?一般从哪里获得灵感?而我的回答是"任何地方"。当然,我经常在一个固定的地方进行创作,之前是在家里,现在是在工作室。如果有一个能待很久,让你最能放松、最能集中精神投入写作的空间最好不过,但是,如果不具备这样的环境,不妨告诉自己"任何地方都可以"。这一点很重要。我在拥有自己工作室之前也整整在外"游荡"了15年,而那段游荡的时间也有着不可替代的意义和价值。因为我在那段时间真的走了很多地方,以至于我认定了一个事实,即在哪里都可以写作。

出游时乘坐飞机或因出差乘坐火车时,都能让我专注地投入写作。在拥有工作室之前,我经常拿着电脑跑到小区的咖啡馆,毕竟在图书馆敲键盘会影响到周围看书的人。辗转于不同的咖啡馆写作,成了我三十五岁之前的基本生活。我觉得不受地点和环境限制,在任何地方、任何时候都能专注于写作,是我那段时间练就的最值得炫耀的本领。那时我在地铁上也写了不少文章,大概10页篇幅的专栏通常能在坐地铁时写完。有时候,地铁上没位置,我只能站着,就索性站着写,一只手捧着笔记本,另一只手一指禅式敲键盘,有好几次差点把笔记本摔在地上。有时候,到站了稿子还没写完,下了车索性就在候车区的椅子上坐下来继续码字,生怕思路中断。有很多次,因为过于专注，甚至还坐过站。但只要能完成写作任务，就比什么都开心和充实，根本没觉得苦。

写作时需要与世隔绝，杜绝外界的诱惑和干扰。最好预备一个别人无法进入的空间，搭建一个保暖帐篷或印第安帐篷是个不错的选择，或者备一个两侧有遮挡隔板的小书桌，像阅览室那种书桌一样。为了能更专注地写作，最好提前跟家人沟通好，求得他们的理解和配合。在家写作时，可以戴上耳机，将噪音挡在外面，尽可能自我"隔离"。不知道大家有没有这种感觉，在家里远比在咖啡馆里、地铁上更难集中精力写作。可能是因为在外面头脑里有一个意识，提醒自己当前是在公共场所，所以会紧张起来，而且在消费场所能待的时间也是有限的，这也能提高效率。而在家里就完全放飞了自我，电视也想看，零食也想吃，有事没事就翻翻冰箱，总惦记着那两罐冰啤酒。家里充满了休息和娱乐的各种诱惑，所以作家们都会尽可能给自己创造一个写作空间。我也曾在家一边开着电视，一边写东西，但每次都写不出几个字。永远不要认为自己能够一心二用，这根本不可能，尤其是在写作的时候。愿望是美好的，认为一边听音乐一边写作不影响，但是注意力会在某个瞬间跑到音乐那边，某个瞬间又跑回写作这边，到头来就什么都写不了了。所以说，但凡有诱惑人的多媒体存在，就甭想完全投入写作了。尤其是不要坐到电视跟前，一眼都不要看，或者干脆把想看的节目看完，再收心好好写作。只是这样的话，时间紧迫，最后被追着撵着写东西，肯定也不能好好地创作吧？

还有就是互联网的问题。只要有根网线连着，只要是联网状态，就不能指望沉浸式写作。频繁上网，视力也会大大下降。对一名作家来说，最重要的身体部位除了双手就是眼睛。当然，大脑就更不用说了，键盘打字很容易伤到腕部肌肉，降低视力，同时也常常让我们的大脑濒临崩溃。所以，最好确保一天中能有全身心投入创作的时间，哪怕只有两个小时。在这段时间内，网络、手机都暂且抛到脑后，只专注于读和写。只要接触电子产品，就难免成为诱惑的俘虏而难以自拔，所以可以养成用铅笔、钢笔、草稿纸、记事本的创作习惯。这样就可以摆脱外界信息，完全依赖自己的双手和一颗心来创作。先将草稿手写完毕后，再利用电脑做进一步细致的修改与润色，这一方法倒是值得推荐。

事实上，一些著名的作家习惯于在没有桌子的情况下进行创作。比如诺贝尔文学奖获得者托妮·莫里森，她就喜欢坐在椅子上，把笔记本放在腿上写作。久而久之，就觉得桌子不必要了。波伏娃和萨特经常在咖啡馆里创作，而且是巴黎最为热闹、嘈杂的花神咖啡馆。当时光临这家咖啡馆的都是各界艺术家，能给两人许多灵感。事实上，在设施完善的空间写作的著名作家并不多。那些常年坚持并创作出佳作的作家，他们的特点就是不挑剔环境。恶劣的环境绝不能打垮我们的创作意志，也不应该影响我们高涨的创作热情。

不妨试着在任何场合都坚持写作，让每一个地方都成为给予自己写作灵感的地方。半躺着写，在沙发上写，把电脑放在厨房台面上站着写……不同的姿势，会给你不一样的灵感。大脑作为人体的一部分，仅靠精神刺激还远远不够，它需要各种物理刺激。试着在家里走走、动动，做饭、刷碗，通过各种活动来让大脑活跃起来。在一个大范围里"画地为牢"，以便能集中精力，而在这个空间里，可以自由活动。不拘泥于环境和时间，在任何时间、任何地点、任何情况下都能执笔写作——抱着这种信念，才能成为一个真正的作家。

告白：深藏内心的故事宝库

人们总是很健忘，忘了自己才是故事的主人。
那些难以启齿的话，以文字的方式重新排列，
就会变成闪闪发光的思想果实。

讲述痛苦的失败经历

读者和作者，立场不同，心态也会不同。读者希望作者能提供大量的信息，尤其是各种精彩的"爆料"，但作者会觉得写自己的故事很为难。有时候，读者和作者甚至完全处于对立面，一方索要的恰恰是另一方畏惧的。比如读者提问中最难回答的是"您是如何成为职业作家的？"我没法三言两语就说完，且不得不揭露自己的旧伤疤。这是读者想看的，也是我最打怵的。

我一直擅长的都是去说别人的故事，借朋友的故事、文学作品的故事、电影人物的故事，道出自己的故事。我认为这种间接告白也挺管用，既保护了我的隐私，也做到了接地气、跟

读者拉近距离，但这远远不够。就像我曾经写过的：

> 写作中拐弯抹角说话是禁忌，虽然这样可以避免过于直白，但是会妨碍"我"（作者）与"大家"（读者）之间的亲密沟通。有时候你必须写一些不加任何修饰的内容，坦荡地说："这就是我自己的故事。"这时，任何委婉的表达已经不奏效，唯有刺刀刺透心脏一样的一针见血才能让人心里畅快。这就需要我们提前做好充分的心理准备，把自己完全展现在读者面前，又不至于在面对读者的犀利提问时感到羞愧或懊悔。

《关于四十》就是直播一样展现我前半生的一部作品。我以往的作品一般都是酝酿好几年，再经过反复几次修改后出版的，但《关于四十》是我一气呵成写完的。当时日程很紧，我每天都有很多事情，也担心这本书是否能按期完成，但因为那种紧张的现场感，写作过程更加紧张刺激。"这样写读者会不会无法接受？"那些吸引读者的地方，恰恰是写作之初让我担心的内容，当然，它们也招来了很多恶评。我发现作品得到读者正面回应越多的时候，负面反馈也更多。这对作家来说是不可避免的事情。

我不去计算什么概率，也不知道怎样才能讨好读者。我不想在做一件很喜欢的事情时用权衡利弊的方式来定义它。有人会觉得这很无知，但我喜欢自己的这种无知……

我时刻做好了战败的准备，而且不甘心做个因为怕输而只去观战的人。相比于战败，更恐怖的是不敢作战；相比于失败，更可怕的是放弃做一个更好的自己，然后跟更美好的世界相遇。

——《关于四十》

就这样，在迈入四十岁门槛的瞬间，我变得更加率真、积极，内心更年轻。我不畏惧挑战，在权威面前不怯场、不自卑；在和与我持相反观点的人面前畅所欲言、坚持己见。不畏惧、坦荡荡，这就是《关于四十》这本书的基调，也是我有生以来第一次尝试如此坦诚、如此大胆地写作。在此之前我更喜欢内敛而柔和的风格，害怕展示一切。我明明是个很想和读者交流的作家，但由于性格内向又拼命想把自己藏起来，真是矛盾又纠结。

所以，尽管我通过《那时我若懂得》和《凡·高，我的凡·高》这两本书完成了从评论家到作家的转变，但我无法轻易挑战讲述自己的故事。

一直以来，我展现的都是我要"去热爱""去学习""去旅行"的状态。该隐藏的隐藏、该表现的表现，但深藏的更多一些，比如生活中的我，不是以作家的身份，而是以一个普通人生活中的日常状态，我一直都不怎么敢提及。但《关于四十》一书中，这些都被一下子揭开面纱展现出来了，令我感受到了突破和改变的乐趣。更没想到的是，这种"告白式写作"让人上瘾，尽管开始时我觉得绝不可能做到，但一旦开始就刹不住了，会觉得不吐不快。

后来我一发不可收拾了，原本没有打算写的鸡毛蒜皮也开始被写进作品里。可能一些老读者已经觉察到《关于四十》一书的风格不同以往，变得过于直白，或许他们对这种写作风格一时难以接受，但我喜欢与这种"陌生的自我"相遇。有时候很想抛开过去的那个我，与更透明、褪掉假面的我对话。当然，并不是所有的写作都需要告白。作者在写别人的故事、写与自己完全不同的人的故事时，其实都会或多或少泄露内在的自我，因为作者所讲述的只是那些人映入作者心里、眼里的故事。小说家在自己的作品中描述主人公时，事实上也是将自己所构想的人物用文字进行塑造和刻画。从这点来讲，所有用心写就的作品，都有告白的成分。

我觉得自怨自艾最浪费时间，但我也没能免俗，还是经历了这种讨厌的事情。"我为什么怀才不遇？""我为什么被压榨、被消耗？"我经常问这些问题。不过，最近我改变了许多，这都得益于支持我的那些读者。有人真心爱你的文字，你怎么舍得放弃写作呢？还有什么可抱怨的呢？如果真想写出好文字的话，再难再累也要忍受。

——《郑汝佑，随笔家的心》

✏️ 您是怎样走上职业作家之路的?

我能成为职业作家,得益于以下三点:

第一,一直坚持写作。我很痴迷写作,现在是如此,成为职业作家之前更是如此。我想不出别的更好的选择,就是觉得,如果不靠写作生存下去,人生就会毫无意义。其实,一个人文章写不好当然也能活得好好的,但我肯定会生不如死般感到痛苦,而且我不是很有信心能承受和消化那种痛苦。所以,我不得不更用心地写作。幸好有读者一直热爱我的书、购买我的书,来听我讲座的人也越来越多,这些点燃了我的希望。有不少读者写信给我,我却没能一一回复,对此我很抱歉,只能更加投入创作,去回报读者对我的喜爱和支持。

有些书没能上榜就销声匿迹了,但奇怪的是5至10年后,之前没被认可的书会重新被读者关注。比如那本《郑汝佑的文学课堂》,刚出版时反响平平,但现在已经前后印刷了十次,令我很是感慨又备受鼓舞。所以我再次确信,只要是有价值的作品,早晚会被读者认可。图书市场虽说也有过度营销、不正当竞争的现象,但相比于其他领域还是公正一些。只要用心去写,总有一天会被理解、被认同。而我,正是抱着这样的信念,每天坚持写作。

第二,领悟内心的诉求。我选择了靠写作为生、与写作的人们同行,感觉只有这样才能活下去。无论是周末,还是在远行,也无论是否有约稿,我都在坚持写作。即使无人督促,我也在坚持写作。有些人批评说我太高产，其实我压箱底没发表的作品还有很多。我不是很纠结于能不能发表，因为快乐在于写的过程。我深知写作弥足珍贵，心甘情愿一根筋走到底。

第三，告别内心最后的留恋。至今我依然对教师这个职业有着心结。几年前我是身在学校的学生，如今是在校外学习的人，感觉自己一直都是场外人，会有种疏离感。虽然选择了以作家的身份过一生且目标明确，但我仍然心存执念，有点不甘心。当时有个学校请我去做客座教授，让我有些犯难。因为那时我已经决定了做一个职业作家，但他们的提议又让我开始对做一个好老师有了憧憬。其实不在教育岗位也有很多开讲座的渠道和机会，但是能在学校面向学生讲课，有特定的空间、特定的对象，会给人一种庄严、神圣的感觉，这也是教师最为光荣的特权。所以，在成为职业作家之后我也没有放弃开讲座，因为想多体验一下这种教学的喜悦，同时也想验证一下我到底有没有从教的资格，有没有能力去做一个好老师……抱着试试看的心态，我去做了外聘教授，这段经历在《关于四十》一书中也被如实记录了下来。

帕克·J.帕尔默的那本《教学勇气》我翻阅了一次又一次，把许多内容都记在了大脑里。是的，或许相比于一箩筐的知识，教师更需要的是面对学生不紧张，面对他们的厌学和抵触也能好好引导和开导的智慧和胸襟，以及能把自己所有的知识毫无保留地传授给他们的勇气。在迈入四十岁门槛之际，我突然有了去做一名好老师的冲动……

我希望一心投入教学，但学校却希望我能尽力宣传学校，除了上课，再处理一些其他业务。我渴望学校成为更优质的教育场所，而校方眼里的我是那个"融不进圈子，不适合职场生活的人"，这让我感到揪心。一年后学校没有和我续签劳动合同，这给了我不小的打击。"不适合职场生活""再努力也不会有人懂你"，这种绝望感和失落感令我难过。就那样落魄地过了两个月后，我总算走出来了。在这两个月里，我也曾苦苦追问：自己到底是一个怎样的人？难道真的融不进集体生活吗？注定一辈子做一头孤独奔跑的骆驼？我开始听到不同的答案："傻瓜，这点事就让你绝望了吗？""你不是没能融入集体，而是从此找到了真正的自我啊，难道还不懂吗？"这声音如此铿锵有力，正从我的心中传过来。

的确，我并不是没能融入那个圈子，我只是没有续签合同而已。在那个学校不分昼夜地辛苦工作，一年所学到的东西比我后来辗转几个学校当讲师学到的要多得多。在那里，我第一次把自己毫无保留地交给了学生，一心为做孩子心目中的好老师而兢兢业业。在那里结缘的其他教授也都为人随和、谦逊，让我第一次感受到了职场的温暖，让我感受到了自己不是被排斥的人。一些人虽然与我非亲非故，但曾为了挽留我，出面与校方交涉，拼尽了全力。只是彼此的道路不同，缘分已尽，以后只能各走各的。

我虽然没能适应职场生活，但是对于"共生"却满腔热忱。在我看来，对教育而言，没有什么比讲课更重要。宣传不是我的专项，也不是我期望的业务，所以我无法胜任。经过一年的挣扎，我虽未能在那边继续任职，却得到了更重要的东西，那就是在任何地方都能教书的勇气，以及在任何情况下都不放弃写作的热爱。在校车上写作、在地铁里备课、给孩子们进行一对一作文辅导……至少这些时间我都是充实和快乐的。

——《关于四十》

"你不适合职场生活"，我讨厌的是这种偏见带来的折磨。当被集体彻底排斥时，我想明白了一件事：一个人就算是不适合某些集体活动，也不影响他在大环境中共生。集体生活意味着在体系内适应和生存下来，而在共生模式中，我可以选择我喜欢的人和我喜欢的做事方式。职场有着工薪制度和职务分工，而集体生活既不需要特定场所也不需要指定时间。当我写的文字被大家阅读时，我们就形成了一个"读书共生"模式。如今，我依然在讲自己所热爱的写作课，也有很多热爱文学的人同行，在一起上写作课的这段时间里，我们构成了完美的共生关系。

我的另一个感悟是：我并不是讨厌人，而是讨厌去评判一个人。所以一直以来，在我的课上，我都会尽量避免去批评谁的作品。对于写作这件事，我们可以做精确的分析，但是以个人的经验去批评某篇文章，并不能改善什么，反而容易产生反效果。所以在写作这件事情上，我不想去批判，也不想发火。而且，我发现鼓励和赞美的效用远远胜过批评。当然，这种赞美并不是流于表面、具有礼节性质的，而是具体、准确地指出那个人的优点的。唯有这样，才能让那个人在擅长的事情上有更长足的发展。

过去，如果我的内心受到创伤，痛苦就会持续很久，但是现在不知道是不是因为有了免疫力，即便是受伤，我也会很快得到治愈。我认为这都要归功于写作，归功于读者对我的信任，让我尽管哭着痛着也能坚持写下去。尽管没能成为一个称职的职场人，尽管被排挤和孤立，但我能很快从阴影中走出来。因为对于不合理的人与事我懂得马上喊停，不再留恋过去。自从学了心理学，我的自愈能力越来越强。我们无法做到不受伤，但是可以做到让自己尽快从伤痛中得到治愈，这大概就是心理学和写作结合的完美产物吧，也是我每次克服自我缺陷的方法。

我是为了不再受伤而开始学心理学的。在这个过程中，我的"告白式写作"的能力也得到了发展。当然，如今我也知道了世上并没有让自己不受伤的方法，但我们似乎能学会与伤痛共处、负伤前行。如果想要和伤痛共处，就不能对伤痛过于大惊小怪。人们每天都在承受大大小小的伤痛，正确理解受伤的核心原因才是关键。就像我在写《关于四十》时，突然懂得了自卑心理产生的原因一样。

  这世界需要卓越的文学研究者，也需要思想深刻的文学评论家，我自知不是那块料，这两个角色都没能让我得到过真正的幸福。尽管我一直渴望按照自己的方式写作，但是也一直在自己骗自己。

  虽然渴望写自己的文章、渴望成为一名作家，但是不敢轻易挑战，只是满足于做一个文学研究者和文学评论家。这都是因为我的内心深处有着一种深深的恐惧和自卑——"没人会看我写的故事"。

——《关于四十》

  直面内心的阴影是"告白式写作"的优点。当问题变得清晰时，答案也就水落石出。"告白式写作"不仅会为读者答疑解惑，还会像一面镜子一样照到作者的内心。有时候写作不是为了向读者告白，而是为了自我告白，所以写完后会让它安静地沉睡在电脑里。如果因为走太远而忘了当年出发时的心境，不妨去回顾一下，这样就会看到下一步要怎样走，走向哪里。不要重蹈覆辙，不要陷入同样的绝望低谷，要一如既往地灿烂前行。

读者：想成为好作家，先做一个好读者

懂得听，才懂得如何说。

懂得读，才懂得如何写。

用心去读、去分析、去回味、去斟酌，

用时间和诚意，去感悟和理解写作这件事。

好读者才有可能成为好作家

不妨问问自己，为什么想成为作家？这种想法可能源于你读过的一本书、一段话，它给了你美好的人生启示，使你终身受益。想要成为好作家，就要先成为一个好读者。我希望我人生90%的幸福是做一名读者获得的，还有10%就是沉浸在写作过程中获得的，只是现实不允许这样。除了吃饭、睡觉，我会一头埋在创作中，有时会感觉整个人都被抽空了。所以我会提前阅读好多好多书，会尽可能深入地读、广泛地读，这样下次又因为忙碌而被剥夺阅读时间时，我至少可以"有存货"。倘若不是这样，只是一味地写，很容易用光素材，有种被人看穿的不安。

平时我比较侧重阅读文学类、历史类、心理类图书，也会经常去看绘画和音乐方面的书。在书店搜索图书时，我一般会这样输入关键词：韩国小说、外国小说、诗集、卡尔·古斯塔夫·荣格、西格蒙德·弗洛伊德、阿尔弗雷德·阿德勒、赫尔曼·黑塞、弗兰兹·卡夫卡、苏珊·桑塔格、弗里德里希·尼采、丽贝卡·索尔尼特、瓦尔特·本雅明、心理学、精神分析、雅克·拉康、斯拉沃热·齐泽克、齐格蒙特·鲍曼……除了按照作者和学科关键词搜索，我还喜欢按译者进行搜索——金正娥（音译）、洪韩星（音译）、朴铉珠（音译）、徐载仁（音译），这些都是我喜欢的译者。这些译者不仅有独到的眼光，而且语言驾驭能力也非常好。译者除了是文字的转换者，还要负责把原著的文化寓意完整地传达给读者，是灵魂传达的使者、第二创作者。由徐载仁翻译成韩文的杰西卡·布鲁德的《无依之地》，同名电影获得了奥斯卡最佳导演奖和最佳女主角奖。而最初，在这部作品还无人关注时，这位译者发掘了这本书的价值，她在电影获得奥斯卡金像奖之前就已经完成了这部作品的翻译工作。此外，吴政熙（音译）、崔允（音译）的小说，金素然的散文，金瑞英的精神分析随笔，朴努海的摄影随笔，我也常常翻看。崔承子（音译）、金慧顺（音译）、金承熙（音译）、千阳熙（音译）、陈恩英（音译）的诗歌和散文，我也很喜欢。放在案头桌边经常翻阅的，还有一些经典作家的作品，如弗吉尼亚·伍尔夫、简·奥斯汀、艾米莉·勃朗特、夏洛蒂·勃朗特、西尔维娅·普拉斯、乔治·萧伯纳、威廉·莎士比亚、费奥多尔·陀思妥耶夫斯基、奥维德、肖恩·霍默等人的，翻到哪里读到哪里。克洛德·列维-施特劳斯、卡尔·马克思、米歇尔·福柯、吉尔·德勒兹、伯特兰·罗素、汉娜·阿伦特这些学者的著作虽有些高深难懂，但里面闪耀着睿智的思想。凡·高的信、贝多芬传记，以及关于贝多芬音乐和生平的评论著作等，我也爱读。凡·高和贝多芬虽然不是作家，但他们的文字都相当凝练。当年读凡·高写给弟弟提奥的书信，以及贝多芬留给两个弟弟的《海利根施塔特遗书》，我常常忍不住流泪。

弗吉尼亚·伍尔夫的小说自不必说，她留给丈夫的遗书令人肝肠寸断。她对生命无比热爱，但是无法忍受一次又一次抑郁症发作的折磨，为了丈夫不因自己的死受到世人的误解，她苦口婆心写了各种安慰的话，把她的哀伤、她的恳切展现得淋漓尽致。有时候心里过于压抑想要发泄时，我会读一读伍尔夫的遗书和贝多芬的遗书，这并不仅仅是为了写作，也是源于不可抑制的热情、燃烧的学习欲望，以及不可阻挡的爱。阅读本身对我来说就是莫大的安慰，如果不去看书，我可能无法成为自己。所以，即便没有成为作家，我肯定也会因为太过热爱阅读而从事编辑或翻译相关工作。我想每天和书打交道，中毒太深，离不开。

有时候，我看一本书虽然看得很认真但并没有完全看懂时，多少会有点尴尬，看第二遍、第三遍才开始理解，读到第五遍时就有了以自己的语言重新阐释的想法了。《影迷日记》就是这样写成的。用尼采的理论去诠释弗兰克·德拉邦特执导的《肖申克的救赎》；把宫崎骏导演的《幽灵公主》和加斯东·巴什拉的理论进行分析比较；将格斯·范·桑特导演的《心灵捕手》和苏珊·桑塔格的观点联系起来。在《影迷日记》上、下卷，我为16位哲学家配了16部电影。最幸福的还是要数把宫崎骏导演的《千与千寻》与神话学家约瑟夫·坎贝尔的理论联系起来写作的瞬间，当时我的内心深处涌动着文字的岩浆，无比强烈而滚烫。约瑟夫·坎贝尔在我的左耳边窃窃私语，宫崎骏在我的右耳边滔滔不绝，而我只想把对他们说的话写下来。对于经典，我们有必要反复读、深入读，去思考、去记录，一直到将作者的语言变成自己的语言，能够创作出完完全全属于自己的作品，并不断打磨。在创作《影迷日记》时，我从一个评论家正式转变为作家，尽管对评论家的生活有所留恋，但必须断舍离；尽管对作家之路忐忑不安，但必须坚定。

我从狂热的读者变成了小心翼翼、战战兢兢的新人作家，当时的喜悦我都记录在了下面这篇文章中。

路途遥远，千寻没有回程的火车票，于是小白变身成一条龙让千寻骑在背上。借助小白坚实的后背，千寻升腾而起，直冲云霄天际。靛蓝色夜空展现在眼前，驰骋于广袤的夜空中，千寻感受到了前所未有的震撼与视觉冲击。夜空仿佛一条浩瀚的河流，让人如梦一般眩晕，幸福到忘言。而此刻自己在小白的背上所感受到的体温，又似曾相识。难道是……千寻内心深处对小白的记忆终于在此刻被唤醒，她泪眼婆娑、呜咽啜泣："妈妈曾经说过，我小时候有一次掉入河里，后来那个河床的位置被开发商盖了住宅楼。啊……想起来了！那条河叫琥珀川，你的名字叫琥珀川！"

就在千寻喊出这个名字时，禁锢小白龙的数百万条龙鳞片雪崩般哗啦啦地倾泻而出，犹如一条银河璀璨地照亮了整个夜空，小白命运的枷锁在这一刻彻底消失，两人手握着手，脸颊摩挲着脸颊，晶莹滚烫的眼泪大颗大颗地滚落了下来……大规模的工地施工逼迫琥珀川远离人类社会，忘却了自己的名字和身份，沦为魔女的仆人，过着无名无姓的卑微生活。琥珀川是被文明吞噬的自然，是被城市践踏的生命气息。千寻终于记起自己溺水时是小白将她救到了浅水滩："是你救了我！"在没能认清真实自我时，琥珀川无法得到救赎，借助柔弱少女千寻的誓死抗争才得以重新找回自己的名字和命运。寻找你正是寻找自我的唯一钥匙。如果找不到你，想不起你的名字，那么我就会丢失自己的存在。千寻之所以有着英雄气场，并不是因为她像赫拉克勒斯那般力大无比，或者像雅典娜那样智慧出众，而是她把个人的欲望都抛在脑后，勇敢面对痛苦和使命。她不再执着于捍卫自己所拥有的东西时，已变得无畏无惧。千寻并不是勇猛的英雄，而是内向、被动的一个人，但她沉静的心中不仅蕴藏着巨大的能量和爆发力，还蕴含着净化和重生、治愈与关爱的力量……面对千寻的大度和包容，汤婆婆脸上的邪气渐渐消失，也就是说，在神话叙述的终极时，连敌人也变得暗淡、渺小了。

"敌人是促使我们增强功力的最好老师，是塑造我们命运的最锋利的刀刃……"约瑟夫·坎贝尔小声呢喃着。神话世界有着种种人类社会无法理解的悲壮和美，比如不因期待美好就去否定当前的痛苦、唯有杀死和吃掉他人才能生存下去……不必嗤笑神话的非逻辑性、非科学性和荒诞性，你需要做的是通过神话故事重新回顾人类忘却的记忆。让我们挑灯伏案写作，把因为羞涩而从未提及的梦想记录下来，或许这将催生新的神话。

——《影迷日记》

> 在写作的瞬间，我们已在选择读者

有些人认为散文是随意写成的，这就说明他们还不具备作为写作者的基本素质。无论是短篇幅的推荐词还是其他题材的文章，我们都要努力去把它写好，因为这些白纸黑字，关乎自己的名声。要养成珍视自己每篇文章的习惯，唯有这样，我们才会在在照片墙上发动态和写留言时，都能意识到这些文字将保留一生。

做自己作品的第一读者，而且是最苛刻的那个。不偏袒自己，要能给出最犀利的批评。

不知道大家是否想过，将来有一天自己将会迎来人生的最后时刻？我是常常会想到这一点的。每当想到我与这个世界依依惜别时，世界上还留有出自我手但不那么凝练和经典的遗憾之作，我会多么不安！所以我每天都会鞭策自己，要勤奋和谦逊。"人死留名，虎死留皮"，在我们离开后作品依然会安静地放在书架上，受着时间的检验。所以，在下笔前我们要充分构思，每字每句都要反复斟酌和推敲。

能够写作当然是件幸运的事情，有人去看我的作品，我更会感恩和喜悦。只要还有一位读者在看我的文章，我就会坚持写作，没有这种觉悟，是写不出好的作品的。而想要写好，首先自己就要成为一个好的读者。不去尊重别人的作品，怎敢奢求他人来尊重自己的作品？无论我们写怎样的故事，我们都在选择读者。往往在开始写稿的瞬间，我们就已经做出了这样的选择。我会选择真诚的读者，如果你想从我的文字中寻找幽默，那么很快会因为觉得无趣而把它丢弃在一边。我愿与真诚的读者深入、长久地互相宽慰和用心交流。写作新手往往会犯一个错误，在写作初期就以所有人为读者对象进行创作。其实，一本书在诞生时便已经选好了特定的读者群，比如有些人刚好与这部作品的契合度高，与作品烘托的情境吻合。

如果在写作时把目标读者锁定为多数人，而非特定的少数人，那么会带有一种功利性和迎合心理，总会无意间把文字写得侧重于趣味性和通俗性，而这并不能算是高明的策略。因为把目标读者群设定得过大，反而很难写出真正带有自己特色的作品。最后写完发表了，也只会被标上"大众作品"的标签。所以不要试图写"为大多数人写的好看的书"，写就写"有自己特色的书"，"让它更像自己的作品"。如果你也梦想写这样的作品，那么在开始创作的那一刻就要铭记内心已确定好的目标读者，如此写作才会变得更为专注和虔诚。

编辑是作品的第一位读者，也是最为重要的读者。作家要注意聆听编辑的意见，让自己的文字更好。如果既拒绝编辑的意见，也不接受编辑所做的任何修改，放话说不许动一个字，那么就不可能进步。有些问题因为自己是当事人所以看不出来，而编辑恰好可以把文章存在的问题坦诚地指出来，这就是一位优秀编辑存在的意义。关于这个我也写了一些感悟：

是什么促使我们成为更好的自己？除了自身的努力，还有重要的一点就是与精英团队的协作。每次我发新刊时，都会深切感受到"写书"与"做书"的巨大差别。写书好比是钢琴独奏，而做书则是一场演奏会。写书是个人行为，而做书则需要各个业务链条的协作和配合。书的目录、标题、封面、排版设计等所有细节工作都要由编辑一一把关，所以有一位业务精湛的编辑是非常重要的。图书的封面最能直观展现一本书的风格，这就需要编辑对书的内容有准确的理解和对读者定位有准确的判断。从封面设计到后续制作，编辑需要层层把关，最终将电子版书稿通过印刷、制版等工序转变为可触摸的纸质书。印刷师傅在嘈杂的车间忙碌，书店的员工将一本本刚印制的书整齐摆放在书架上……从酝酿到上市，一本书倾注了太多人的心血和汗水。

作者和编辑的默契度是一本书成功与否的决定因素。作者的原创文字是原始而独特的，而编辑给出的专业见解能确保将这些文字加工成读者喜欢的语言。个人的努力是作者创作的内驱力，但是成就作者的外部力量中至少有八成是编辑的付出。那么一位好编辑应该具备怎样的才能呢？

第一，一位好编辑应该具有伯乐的眼光，能够敏锐地察觉到什么是黑马、什么是金子。几年前有个编辑向我约稿，让我写一本面向二十多岁读者的人生箴言，当时我连连摆手说"写不了写不了"，试图婉拒，因为我不认为我有用文字安慰别人的能力。那时她的一句话让我改变了想法："郑老师，您尽管写您想写的就可以了。"简单而朴素的一句鼓励，才有了后来的《那时我若懂得》，也正是这本书让我从文学评论家正式转为作家。

第二,一位好编辑首先是个"等待达人",能够把等待的痛苦转换成对作者的协助和支持。作者渴望提交一份无可挑剔的稿件,但是无法在短期内写出满意的文章,所以会事与愿违地让编辑苦苦等待。作为编辑,未能按时收稿是一件痛苦的事情,但是站在作者的角度,这同样是一件痛苦的事情,因为深知是自己的原因导致编辑和团队一起等待的。由于写作是痛苦而孤独的苦行僧式的创作过程,所以有时候作者也会动摇,甚至想要放弃。而这时聪明的编辑会给作者打气,给他不放弃的勇气。创办《郑汝佑月刊》系列那段时间,我的编辑苦口婆心地向我解释我为什么必须坚持写作,哪怕再苦再累。是他告诉了我有无数读者在翘首以待,犹如在苦苦等待远方的信件一样;是他告诉我每月一期的杂志未能按时送达时,读者会来电问"这个月的书怎么没有按时收到"……

第三,一位好编辑要具备在心中描绘美好图书的能力,不是为了单纯地打造一本畅销书而奔波,而是为了把作者成就得更优秀而周全细致地工作。为作者策划下一部作品,甚至构思10年后应出版的书,掏心掏肺地向作者描述他的构思,给予作者无限勇气。在多媒体泛滥、纸质书市场越来越狭窄的环境下依然坚守对纸质书、对写作、对读者的热爱……这才是一个优秀的编辑最该具备的素质。在写《凡·高，我的凡·高》一书时，编辑给我发消息比我家人还要频繁。"老师，今天完成了第一次校稿。""老师，已出设计样本。""老师，书正在印刷中。已拜托印刷师傅用墨别太省，这样图片出来的效果会更好。"编辑细致地告诉我每个进程，让我觉得自己不是孤军奋战。编辑和作者有着同样热爱文字的心，而且对一本书共同倾注了太多心血。正是共同的热爱，让他们成为灵魂的同盟，挺过每一个艰难的低谷期。

——《编辑，成就了作者》

作品曝光率远比我想象的要高，所以我经常会在各种场合看到自己的作品，这让我既惊讶又惶恐。在社交平台上，我也经常能看到自己的文章被引用，只是那些文章我本人并不是很满意，却没想到会被人们反复引用，这令我羞愧难当。我写作时开头和结尾会比中间部分写得用心一些，因为好开头能够吸引读者阅读，而好的结尾又能为洋洋洒洒的全篇做一个印象深刻的收尾，所以作者自然会更加倾注心血。有时候在写作过程中，需要插入一些附加式说明，可能是和主题相关的，也可能是稍微偏离主题的，可有些读者却把注意力都放在了这些附加文章上，这有点让我措手不及。有些读者甚至把附带的句子写成艺术字，视若珍宝，这更让我坐立不安。因为相比于核心文章，这部分由于不是重点，相对写得不那么用心，却被读者郑重地加以引用,我何德何能。对于那些读者来说,可能那段写得并不是很投入的文字刚好引起了他的共鸣。那一刻我也被上了一课,告诫自己务必对文章中的每字每句都再用心一些。

  写作过程中脑子里要惦记读者,但不能只想着读者,以免在文字中丢失自己。写作是自己和自己的对话——一个是展现给他人的"我",一个是不能展现给他人的"我"。将两者之间的对话展现给读者,我认为这时的文字最为深刻和永恒。

爱：对角色最应该拥有的感情

心里装着写作对象，才能在写作道路上走得更远，被读者深深记住。

当你心里装着写作对象时，你也就拥有了任何时候都不放弃的勇气。

无比深爱

海伦·麦克唐纳的《海伦的苍鹰》，让我学会了对写作对象来说，爱意味着什么。父亲去世后，麦克唐纳一度无法面对，陷入严重的社交恐惧中，放弃了正常的生活去照顾和训练起苍鹰来，以此渐渐克服了失去亲人的那份悲痛、恐惧和绝望。面对父亲突然离世的打击，她唯一能倾诉的对象就只有那只苍鹰。

在"失去"的时候，尤其是当最爱的至亲永远离开时，任何安慰、任何至上的哲学、智慧的语句都会黯然失色。并不是因为这些安慰和哲学经不起推敲,而是当一个人无法承受当前的痛苦时,他会屏蔽外界的一切,封闭自己。海伦在毫无征兆的情况下突然失去了最尊敬、最爱的父亲,对她来说,如五雷轰顶……她远离了各种人际关系,执拗地选择了与苍鹰独处,觉得只有这样她才能成为真实的自己。

——《咳嗽》

当至亲离世,海伦陷入深深的绝望中,拒绝和人接触,生怕某句话勾起往事,让她再次泪崩。她固执地与苍鹰相守,并想把缺失的爱、洋溢的爱,通通倾注给这只凶猛的苍鹰。苍鹰能让海伦回忆起儿时和父亲共度的美好时光。

无论是人们善意的安慰还是激烈的职场,都无法让海伦找到真正的自己。海伦一直以为,父亲会像永恒的灯塔一样一直照耀着她。父亲的离世对她来说就像整个世界瞬间熄灭了灯,一片漆黑。她开始沉迷于与这只苍鹰相处,因为它是她和爸爸共同的回忆。这只苍鹰凶猛、冷酷、不近人情……它的世界里只有狩猎和孤独。苍鹰对海伦来说,不是帮她消除痛失亲人的悲痛的良药,而是帮她隔离外界,营造一个能回避痛苦的真空世界的途径。

在这个真空世界中,海伦为幼鹰喂食、教它飞行和其他技能。苍鹰在逐渐成长,而海伦对苍鹰的生活、对人与自然的关系有了更深刻的理解。当苍鹰飞向遥远的地方时,海伦曾一度害怕它不会再回来,然而那只苍鹰却像逆流回家的鲑鱼一样重新飞回,悄然落在她的手臂上。这一刻的战栗,或许就是海伦唯一的寄托和希望。那个慈祥、智慧、卓越的记者——她的父亲再也不会回来,但这只冷漠、自私、贪婪的苍鹰却可以回来。她为这只迷人的苍鹰取了一个古典的名字——梅布尔。这个名字与苍鹰凶猛、冷漠的本性完全相反,有着可爱、惹人爱的意思,而这刚好道明了她内心残缺的一面。她原本是大学的教授、史学家,有着大好前途,而她却放弃所有的世俗名利,只想专注于眼前的苍鹰。

这好像也在情理之中,父亲离世后,她的世界一下子轰然倒塌,一切都陷入瘫痪状态,只有那只苍鹰提醒着她还活着。最开始这只苍鹰通过绳子和海伦连着,然后飞远再飞回,后来海伦解掉了皮绳牵引,苍鹰开始更为勇猛、更为自由地飞向天空。苍鹰首次狩猎回来时,她为它拔掉猎物的毛,就像鸟妈妈喂养小鸟一样柔情呵护,同时她也能从中获得成就感和满足感。让她暗自欣喜的是,她觉得自己也在变成苍鹰,逐渐远离人类文明,走向自然与野生环境,感受着与世隔绝的快乐。

——《咳嗽》

海伦的孤独远比梭罗在《瓦尔登湖》中写得更强烈。梭罗只是为了专心写作而走向了丛林，纯粹是为了不被打扰、不看任何人眼色，拥有自己完完整整的人生而做出的选择。他的小木屋始终敞开着，流浪汉可以在此歇脚，逃亡者也可以在此驻足。但海伦的情况与此不同，她逃避与人接触。因为失去亲人的悲痛占据了她的全部身心。在她看来那种痛苦别人是无法懂得的，只有那只苍鹰可以交流。由于过于依赖苍鹰，她甚至把自己当作了一只苍鹰。

  有时候苍鹰会啄痛她，但相比于疼痛，她会感觉到一种刺激。因为这让她感受到了自己即将永远消失。伤痕累累、一无是处的那个自己正在慢慢消失，她喜欢这种感觉。饥肠辘辘的苍鹰袭击了海伦，而血淋淋的她却没有停止对苍鹰的爱。为了让它无忧无虑地狩猎和飞翔，海伦翻遍了群山和原野，为它寻找理想的生长环境，彻彻底底以苍鹰的视角去看这个世界。但她无法停止对父亲的强烈思念，父亲生前勇敢无畏，时而像探险者，时而像野兽，时而像考古学家，走遍世界最黑暗、最偏僻、最危险的地方拍摄。她把对永不再回的父亲的哀切之情倾注到苍鹰身上，但最终醒悟过来——这种做法尽管美好，但只是一厢情愿、走不出自我的执念罢了。

——《咳嗽》

在写《海伦的苍鹰》这本书时，海伦肯定渴望自己的痛苦能得到别人的理解，也希望自己的文章能给同样深陷悲痛、不能自拔的人带去安慰。有时候，大难大悲可以催生出大作，平时之所以写得不尽如人意，可能是因为还没有完全"放弃"自己的人生，热情没有完全被点燃，"火候欠佳"。如同燃烧的热带雨林一样，我们要让自己内心的热情熊熊燃烧起来，把日常生活中白白流逝的时间都用来写作，确保自己至少在这个时间里放空脑子、全身心投入。即使变为旁人眼里的神经病也没关系，你只要去热爱、去倾尽所有，就能写出打动人的文章。海伦完完全全沉浸在自己的悲痛当中，因为痛失感和自卑，"放弃"了自己的人生，或许正是这成就了《海伦的苍鹰》。

海伦因为尝过悲痛，抵达过人生绝望的尽头，所以如今可以重回普通人正常的喜怒哀乐中来。不是抛开生活中的悲痛，而是在生活中感受悲痛。精神分析的目标之一，是把非常态悲痛转换为常态悲痛。

非常态悲痛，意味着那个人正在经历悲痛，很危险，可能真的会心碎而死。那个人的世界正在下着一场大雨，淹没了哭喊声，彻彻底底凉透了。在精神分析的帮助下，人们可以回归日常生活，感受常态悲痛。常态悲痛被称为哀伤，非常态悲痛则被称为抑郁症。西格蒙德·弗洛伊德对抑郁症的准确定义为："误把他人的痛失感以为是自己的。"比如心爱的恋人死去，但感觉死掉的是自己；虽然结束的是对方的人生，却仿佛自己的人生从此结束一般，于是抑郁症加重了。不同于抑郁症，哀伤虽然令人痛不欲生，但会提醒当事人还有剩下的人生要走下去。即使心痛，依然需要履行自己的义务，这种成熟的清醒状态就是哀悼。海伦从非常态悲痛转向常态悲痛，终于可以为父亲送行。过去她无法写追悼词，甚至无法接受父亲去世的事实，但现在她已经从那个状态走了出来。追悼会上，人们纷纷对她说："你的父亲受人尊敬、人人爱戴，我们都很怀念他。"原来爱父亲的不只有她，世上还有这么多人都尊重和爱戴他，在那领悟的瞬间，她忽然得到了治愈。

海伦意识到是时候把梅布尔放走了。以前，她拒绝了柏林一所大学请她做教授的提议，选择了和苍鹰结伴，依赖于这只苍鹰而生存。但现在，她渐渐懂得了，身为人类的自己是无法完全变成野生动物的。在她终于有了放走苍鹰的勇气时，便也有了走向世界的勇气。克服痛失感没有什么秘诀，去爱一个和自己一样脆弱、不完美的人或物就好了。唯有开始新的热爱，才能治愈昨天的痛失感。

——《咳嗽》

《海伦的苍鹰》一书告诉我们，只有新的爱才能治愈巨大的丧失之痛。读此书是不是让你也想到了自己那些滚烫的往事呢？

像凡·高一样，不计后果

其实我也曾像海伦痴迷梅布尔一样，对凡·高痴迷不已。为写好《凡·高，我的凡·高》一书，我积累了10多年的采访素材，每逢假期都会进行一趟凡·高探索之旅，比利时、荷兰、法国、英国、美国、日本，去遍有凡·高作品的所有地方。在写这本书时，我领悟到了有时候对所写对象的热爱，可以改变作者一生的轨迹。关于这个所写对象的信息，不可能通通写入书中，毕竟一本书的容量有限。所以如果有机会再写关于凡·高的书，我肯定会去写他的另一些故事。我不觉得我为了收集凡·高的踪迹所花费的时间、金钱、精力是浪费。对于热爱的事情投入多少都不会心疼。如果对他有着深切的热爱，那么一切都值得。

十几年前，我去过一次东京，当我知道损保日本兴亚东乡青儿美术馆收藏着凡·高的《向日葵》时，惊喜万分。当时还不流行做什么旅行攻略，就是说走就走，所以我头脑一热就决定去了。一大早赶过去在美术馆门口等着开门，却不见有开门的动静。后来我才反应过来这一天刚好是闭馆日，只能万般不舍地离开。如果不是凡·高的作品在这里，我也没理由在门口傻等那么久，那时，我突然明白了我对凡·高有多么痴迷……

有时候，我们迷恋某个事物时自己是蒙在鼓里的。大家都喜欢凡·高，我自己又不热衷于赶时髦，本以为自己是个例外。但那天参观计划落空，几天后回家时从家里翻出好多凡·高画集，而且大都是以我一个穷研究生的身份买不起的画册时，我突然明白了……

——《凡·高，我的凡·高》

在我咬牙买下那本昂贵的画集后，我在扉页一字一句郑重地写下："这份至高无上的奢华礼物，献给我自己。"在我看来，能给我安慰和启示的并不是满足、快乐地活着的人，而是像凡·高这样在无比绝望的深渊中也能狂热地做自己的人。

其实说不清为什么要这样，但每当需要安慰时，我就借口送自己一份礼物，然后就去买凡·高的画集。它们会在我感到艰难时鞭策我、安慰我。

在后来的日子里，我也不止一次做了冲动的事情。有一次竟然在手头拮据的时候头脑发热借钱去旅游。我平时都是手头有钱就花，没有就不花，无论如何都不可能借钱的，所以这种行为对我来说无疑是破天荒的。当时我刚30岁，和父母闹矛盾，对不明朗的未来忧心忡忡，对将来是否继续深造也彷徨不定，整个人犹如霜打的茄子一样提不起神来，沮丧又颓废。但是，一想到可以在纽约现代艺术博物馆欣赏《星月夜》，在荷兰库勒慕勒美术馆看到《有丝柏的道路》，我整个人顿时像打了鸡血一样。凡·高作品中最能打动我的就是这两幅。其实我也试图努力说服自己："看画册也是一样的，不影响凡·高作品的伟大，画册已经很打动人了。"但一头牛在面对鲜草时，是听不进任何劝告的声音的，我就是想去亲眼看看凡·高的画！

——《凡·高，我的凡·高》

当一个人很爱另一个人时，难免会变得冒失鲁莽，做出一些匪夷所思、哭笑不得的事情。他会觉得为了那个人可以做任何事，会后悔为什么之前没有勇敢去追，活得那么小心翼翼。因为凡·高，一大把年纪的我变得叛逆爱折腾，仿佛患了一种心病，只有去旅行才能痊愈。其实这种心病痛苦是痛苦，却也有着它的魅力和美好，多来一两次我也心甘情愿，因为它让我体验到彻底爱上某样东西时的激情，那种无怨无悔、宁愿为此抛弃一切的感觉。在那些穷困潦倒、暗淡无光的日子里，是凡·高之旅给了我活下去的理由，这是一种无法用逻辑解释的奇怪激情。

一个人如果沉迷于某件事物，就会做出反常举动。为了拿到美国签证，我甚至为大使馆做过采访（那时还没有电子签证）。历经千辛万苦终于完成美国之行，看过凡·高的作品后，我决定成为一个以写作为生的人。当我知道了凡·高经历的痛苦远远大于我之后，我便激励自己疯狂写作。凡·高承受了太多的苦难,却也成就了自己。正因为目睹了凡·高的作品,所以这份感动更为深切,那种心灵震撼是网上作品或想象完全无法比拟的。那一瞬间,我感觉这一路颠簸和长途跋涉都值得。

看过凡·高的作品回来后,我内心有了一个坚定的选择。我决定即便再累再难也要做自己喜欢的事情。是凡·高对绘画的热爱给了我勇气。我对写作、对学习有着同样的渴望,我无法想象放弃它们。当时在纽约现代艺术博物馆看到凡·高的画作时,我忍不住泪流满面。我不觉得这有什么丢人的,倘若不是漫长等待的煎熬和内心积蓄的那么多悲伤,我也不会在见到它的那一刻终于崩溃……那时候旅游并不流行拍照,所以一路上我也没怎么拍照留念。不过拍照少也有好处,因为没有任何能记录感情的辅助设备,所以必须把情感努力烙印在心里。

——《凡·高,我的凡·高》

没能拍照也有它的好处,因为这样我就会在脑子里尽可能清晰地记住当时的感动。没有记忆辅助工具,反而在心里记得更加深刻。想要写出好文章,就必须放弃对机器的依赖。用心,看到的会更多。因为这些信息和感动在心里,而不是在相机里。

手机有了拍摄功能后,人们就不再喜欢做笔记。我讲课时黑板上的板书,学员大多用手机拍照来记录。其实我觉得动手记一下，大脑才能记住。容易得到的，忘得也会快。虽然麻烦一些，但还是应该多动笔去写。如果可以，平时可以尝试一下少拍照片，用心记录时会带来更多灵感，毕竟任何摄像机都不如我们的眼睛。多媒体使人变得懒惰，钝化了人类原始的感觉。要保持思维敏感，调动所有的感官，去观察、去描写。采访时你不能只听对方所说的话，还必须观察对方的手势、脚步和语调。比如受访者在说到什么时停顿了一下？对于哪些句子表现得难以说出口？问到哪个问题时愣了一下？哪个瞬间结巴了一下？这样不错过任何微妙的细节，才可以深入采访，写出有分量的采访稿。这种观察只能在暗中悄悄进行，以免让对方察觉后感到不适或不自然，影响采访效果。除了用大脑记住，还要动用全身感官去记，让自己的整个身体变成录音机、照相机和投影仪，完美地捕捉每个信息。明星开发布会时，有些记者只顾着埋头打字，这样会错过眼前活生生的对象。写出来的文章平淡无奇，对被采访者也是一种巨大的耻辱，因为在没有眼神交流和精神领会的情况下，单纯叙述个人的故事很失礼。

如果凡·高还活着，我很想与他彻夜喝酒深谈，共进美食。朱利安·施纳贝尔导演的《永恒之门》将凡·高的孤独表现得淋漓尽致。凡·高渴望得到简单的嘘寒问暖，但没有人在意他有没有吃饭，他过得孤苦、贫穷、艰难。如果他还活着，我愿意长久地陪伴他，让他忘掉孤独与饥饿，感受到被人爱的温暖。

凡·高没有钱买颜料和油画布，只能靠弟弟提奥的救济来生活；而我的问题在于恐惧未来，以至于想做的事情不敢去做。有时，又生怕坚持了一段时间后最终还是为了寻求稳定，让理想妥协于生存。

这是所有年轻人的不安，也是凡·高在绝望中不得不承受的恐惧。看到《星月夜》《有丝柏的道路》（确切地说是在"遇见"它们）之后，我不再徘徊不定，变得无比坚定。这种感觉无法讲明，但就在那一刻，我确实知道了自己真正在意和想要的是什么。

成不成功不重要，不被人认可也没什么，只要对自己选择的路无怨无悔。凡·高的笔触在沉默地传递着铿锵坚定的信息——生命中的每一步都会像画中的笔迹一样留下痕迹。凡·高画中的色调是他心灵的颜色，也是他灵魂的回声。

——《凡·高，我的凡·高》

那年我二十九岁，看着凡·高的画，脑海中浮现出一串串句子——那一刻，我的人生被改变了，就像海伦在喂养苍鹰时猛地意识到自己在生活中真正失去了什么，以及需要找回什么一样。凡·高是对绘画痴迷的人，虽然生前只卖过一幅画，但他画画不是为了这些，而是因为自己割舍不了——只有在面对颜料和画笔时，他才觉得自己的心脏是跳动的。而写作对于我，同样也是如同血液一样重要的事情，如果离开了写作，我觉得我只是生物意义上活着的人而已。

像这样的百感交集、改变人生的瞬间,我希望大家也能有所体会。所以我总结了一下写作讲座上的一些感悟,希望能让大家身临其境地感受一下。

有时候觉得只要挺过这一关,迈过这道坎儿,一切都会好起来。但如果问我要不要从人生中清除这些障碍,我肯定会说"不"。在寻找真我的路上最难克服的,就是直面悲伤的根源。有时有必要向他人展示伤痕,以便共同探索治愈的可能性。

能把自己的伤疤赤裸裸地展现出来,并不是件简单的事情。那些接受心理治疗的患者,有时候故意不遵守约定时间,故意挑剔咨询室的设计,或以路上堵车为借口,或拒绝真心帮助他的人善意的提醒……这些都属于抗拒。抗拒也许能在短暂的时间内捍卫当事人的自尊心,但从长远来看其实是阻断了其实现真正自我的可能性,只有积极地改变才能实现自我治疗。

上写作课时我发现,有些学员文笔很好,但对于悲伤的原因没有给出任何说明,所以文章显得很空洞,于是我对他说:"在写作方面你绝对很有天赋,但你总在掩饰自己的内心,所以作品显得美中不足。"学员却不以为然,说没觉得非要表达自己内心。这就是典型的抗拒。

在我看来，小孩子的这些故作深沉很是可爱。如果是在以前，可能会觉得这孩子怎么这么轻浮，但现在我会试着去理解他。也许孩子是在用自己的沉默来表达痛苦。在我这里的小小反抗，在他看来却是捍卫和彰显自己的尊严，但其实这也是从侧面告诉我"不想把伤疤展示给任何人看"。

当一对一辅导时，我发现自己有了巨大的改变。曾经只是像透过望远镜大致了解的孩子们的痛楚，这时像用显微镜观察一样无比鲜活、具体。

写作课多了信任和真诚，而不是只图效率。两个月后便发生了奇迹：曾经因为讨厌写作课，转动笔杆打发无聊的孩子，写了一篇自己的猫咪去世的文章，让人心疼和难过；曾经对写作毫无兴趣的孩子，写了爷爷临终和自己的最后一次对话，让我看到泪光闪烁："爷爷在这个世界最爱最爱的就是你了，你知道的，对不对？以后啊，要是爷爷不在了，也不许太伤心，一直哭鼻子，听到没？"

孩子泣不成声，我默默地揽着她的小肩膀。那时我明白，对学员来说，他们需要的并不是写作技巧，而是能够倾诉的对象。孩子不仅需要一位写作老师，更需要一个可以全心全意倾听他们痛苦故事的朋友。这也改变了我，我曾经为上好一节课而犯愁、焦虑，但从那一刻开始，我认真思索着如何才能更好地读懂孩子的痛苦。

亲密的力量可以改变很多事情。印第安人对"朋友"的定义是:"替我背负悲伤的人。"当我决定背负起孩子的悲伤时,孩子突然不再是教学对象,而是变成了最珍贵、最深情的伙伴。

——《致不关心我的人》

文章：不断打磨句子，直到变成闪光的文字

描写、隐喻、象征……这些写作手法都是写作的武器。

不断打磨，忍受一次又一次的退稿。

好文章是什么时候诞生的？

我总结了三点：

第一，结束采访时。语言的岩浆早已在无意识的深渊里按捺不住地翻滚着。想说的话太多太急切，好像真的会像活火山一样喷发出来。这时一定要记好草稿，虽然这时诞生的文章不完美，但它是有温度的、鲜活的。

第二，当我对某个作品的观点，恰好与对方的想法产生强烈的思想碰撞时，比如我写《黑塞》时。很多人把《德米安：彷徨少年时》当作青少年必读书目，甚至以为这本书适合少年读者，因此不太重视。遇到这样的人，我很想跟他们好好探讨

一下，我怀疑他们是否认真读过这本书。我不理解为什么人们可以轻视一部经典文学作品。如果认真读过，我相信没人会无视它的存在。当别人的想法与我的想法刚好有着某种强烈的碰撞时，无论是一致还是相悖，都会激发我强烈的辩论欲望。

第三，暂时将想法搁置下来，等到酝酿相当长时间后对事件有了全新的理解时。有时候重新回顾一件事情会猛然发现，当时并没有意识到，但现在却明白了，于是开始恶补脑子里的新感悟。《就连伤痛都如此美丽》里面收录的，基本都是真情实感。这也是我唯一的写作信念——写就写自己的人生。

> 在29岁那年冬天，我突然发现自己一次也没有感到过幸福。这是一种后知后觉的绝望，但我也在绝望后的冷静中感知到了彻底解脱。当时我想的只有一件事：从"做爸爸妈妈的乖女儿"的观念中挣脱出来。只有找到自己的人生，我才能更好地爱父母。一直以来我只是妈妈手中的风筝，线紧握在妈妈的手中，每当妈妈拉一下，我就会飞得更高、更快，并不是我自己想飞的，而是妈妈的期待和执念在驱使我。我觉得自己无法实现妈妈的期待，成为一个优秀的人。父母虽然是善良敦厚之人，但对我的爱难免会掺有"你出息了，我们才能过上好日子"这种略带偏颇的期盼。他们也不可能懂得，这种期待会像可怕的爬山虎一样，紧紧勒着他们的女儿。
>
> ——《就连伤痛都如此美丽》

写作让我们变回自我。希望这本书，为每一个热爱写作的人添上自信的翅膀。

我曾因厌倦，半途而废过许多事情，唯独一直在坚持写作。并不是因为这是工作的关系，而是由衷地喜欢。真正喜欢的事情是不会生厌的。

让热爱的事情成就你。期待在不远的将来，你能带着饱含深情的作品来到我的写作课。那时你是新人作家，而我心甘情愿成为一名虔诚的读者，接受你那滚烫的亲笔签名。

结语

将等待的痛苦
化为创作的
熊熊烈火

有一次给一个好友发短信，后来她告诉我当时我的状态让她忍不住心疼。我没太明白她的意思，还在愣着想这是什么意思。原来我本想表达"等你消息"，但是因为手痒，编辑了一大串文字发短信过去："对于这种等待，我已经变得熟悉，其实有时这种等待本身也令人开心。"说的人轻描淡写，但听的人着实吓了一跳，字里行间竟读出了几分心疼和怜惜。不过，有时候我确实很享受那份等待。深夜煮茶，在等待水烧开的那几分钟里，我喜欢仔细回顾这一天发生的事情；有时候和别人有约，对方迟到，我就会拿出书开始看，忘了等人的枯燥，深陷书中的世界。等待已经脱稿的文字出版，往往需要很长时间，这种漫长的等待会让人一直紧张和激动。有时候这种等待的对象也会变成自己，比如：当前无法做到的事情，会一直等到能够做到的那一天；当前无法承受的痛苦，等到能够有勇气面对的那一天；等自己成为坚不可摧、更深邃和大度的人。

等待是令人备受煎熬的，尤其是当有着明确期限和任务的时候。灵感迟迟不来，就连简单的句子都写不好，但时间又远远不够，这令人头痛。这时，我刚好看到了里尔克的《给青年诗人的十封信》，半期待半疑惑地翻开，等着他用智慧的语句刺激我的大脑。里尔克用冷静的口吻告诉我们，当你觉得很孤独时，你应该为此感到高兴。不妨沉浸在自己的世界，独处半天，不去见任何人。他的句子让我相信，孤独中必藏创作的火花。

我不知道未来会遇到什么危险和障碍，所以必须先让自己的心变得强大和勇敢。人的内心深处是有着战胜痛苦的智慧和勇气的。

里尔克告诉我们，必须克服任何痛苦。对于内心未解决的一切应保持耐心，去热爱所有问题本身。不要急于立刻找到答案，要保存那众多的不解和疑问，一步一步向前，等待内心的"灵感种子"饱满成熟。就像我10年前看来不可跨越的障碍，在今天会不费力气地潇洒走过。以前我一直觉得自己还没资格去写写作辅导书，最近才敢斗胆一半忐忑一半惶恐地去写。有时候甚至会半夜醒来噼里啪啦地敲键盘，这本书就是这样诞生的。

曾经是海浪席卷沉船一样拼命地写，但今后我想像个农夫一样，慢下来，稳下来：春天里播种、夏雨里等待、秋日里收获。希望这本书能在你的心田撒下灵感的种子，只要你不放弃写作，世界终将以善意真诚回应。

致谢

在这本书的写作过程中,有位朋友始终给了我莫大的支持,那就是编辑金诚泰(音译)。正是他坚定的等待,给了我深夜不眠的写作动力。他给的专业建议细腻到让人惊讶,总能一针见血,把我点醒。希望亲爱的读者在创作和出版时,也能遇到这样一位敬业和专业的编辑。也感谢为这本书创作可爱插图的朴珠熙(音译)设计师。我还记得当时她说的一句话:"读这本书令我也萌生了写作的冲动。"她的插图为我的书增添了温暖,她的这句话给了我莫大的鼓励。还要感谢我的好友沈熙贞(音译),她用书面语规范了我的大白话;最后,向为我提供舒适创作环境的高世奎(音译)代表致以最深切的感谢。

郑汝佑

推荐语

作家郑汝佑远看是个高冷、完美的模范生,近看其实是个内心脆弱、容易受伤的人。再靠近一步观望时,我惊奇地发现我们两人有着太多相似之处:对写作痴迷狂热;是火一样的战士,也是多愁善感、哭哭笑笑的性情中人。趋近观察很久才能看到的作家可爱的一面,在这本书中也流露了出来。我是第一次看到这种风格的写作指导书,翻开后,仿佛和作者推杯换盏、彻夜长谈。仅这一点就让我有一种快乐的感觉,隐约觉得我的下一篇文章将不那么孤独。有了这本书,写作不再是一个孤独的人的奋斗,而是一个令人愉快的节日,即使孤身一人,你也可以与来自世界各地的人手牵手愉快地跳舞。

——郑裕贞 小说家,《完整的幸福》《七年之夜》

捧在手里读这本书时，我忍不住连连感叹。作家郑汝佑出版过数十本作品，依然会因为创作中遇到瓶颈而倍感头痛，所以我这样的菜鸟为写作而烦恼更是理所当然的了。所以，读这本书对我来说倍感安慰。

细品这本书时，我的内心深处会涌动一股创作的欲望。感觉按照郑汝佑老师在书中所指点的方法写下去，将来某一天我也可以写出属于自己的文字来。当然，重要的是每天坚持。也许坚持写比写得好更难，我相信，功夫不负有心人，勤奋一定会带来好结果。

此外，这本书更为让我亲切和欣喜的是，去年春天和冬天，郑汝佑老师曾经在我们崔仁雅书屋进行过写作讲座。那段时间提到的内容，在这本书中也多处出现。真心希望她的写作故事，能被更多热爱写作的人所熟知。

——崔仁雅　创意总监，崔仁雅书屋董事

参考书目

原创作品

《学习的权利》（民音社，2016）

《那时来不及说给自己的话》（artbooks，2017）

《那时我若懂得》（artbooks，2013）

《影子之旅》（秋收地，2015）

《致不关心我的人》（金永社，2019）

《我心中的欧洲TOP10》（弘益出版社，2014）

《内向的旅行者》（Hainaim出版社，2018）

《你总说没关系，没关系》（民音社，2017）

《关于四十》（韩民族出版社，2018）

《凡·高，我的凡·高》（21世纪图书，2019）

《就连伤痛都如此美丽》（银杏树，2020）

《影迷日记》（辅音和元音，2010）

《小姐，在大众文学的丛林中看到希望》（河，2006）

《斑斓》（千年的想象，2018）

《每日一页，世界上最短的心理学课堂365》（Wisdom House，2021）

《不要安好》（RH Korea，2013）

《郑汝佑文学课堂》（memento社，2013）

《咳嗽》（千年的想象，2018）

《黑塞》（artbooks，2020）

《黑塞之路》（artbooks，2015）

其他参考作品

《教学勇气》（帕克·J. 帕尔默，李钟仁、李思静译，韩文化，2013）

《行走的人文学》（丽贝卡·索尔尼特，金正雅译，banbibooks，2017）

《所有的怪时间：一个生命的挖掘》（劳伦·艾斯利，金正焕译，2008）

《近代诗歌·空间的诞生》（李镇京，greenbeebooks，2010）

《不良女性主义的告白》（罗克珊·盖伊，卢智杨译，木马文化，2016）

《我的无意识房间》（金瑞英，书世界，2014）

《无依之地》（杰西卡·布鲁德，许济仁译，ellelit，2021）

《德米安：彷徨少年时》（赫尔曼·黑塞，全英爱译，民音社，2000）

《道林·格雷的画像》（奥斯卡·王尔德，尹熙基译，openbooks，2010）

《长发公主》（迪士尼故事书艺术团队，杨善河译，梦蜗牛，2015）

《马丁·盖尔归来》（娜塔莉·戴维斯，高峰万译，文学与知性社，2018）

《海伦的苍鹰》（海伦·麦克唐纳，孔庆熙译，panmidong-books，2015）

《一颗文学之心》（金必筠，制铁所，2019）

《爱的历史》（妮可·克劳斯，闵恩英译，文学村，2020）

《莎士比亚》（黄光穗，artbooks，2018）

《在轮下》（赫尔曼·黑塞，金理燮译，民音社，2001）

《神话的力量》（约瑟夫·坎贝尔，李允基译，21世纪图书，2020）

《悉达多》（赫尔曼·黑塞，朴炳德译，民音社，2002）

《透过电影解读精神分析》(金瑞英,银杏树,2014)

《偶像的黄昏》(弗里德里希·尼采,朴赞国译,acanet,2015)

《偶然的疾病、必然的死亡》(宫野真生子·矶野真穗,金英铉译,dada Library,2021)

《瓦尔登湖》(亨利·戴维·梭罗,姜升英译,银杏,2011)

《人类的大地》(安托万·德·圣埃克苏佩里,金润珍译,时空社,2014)

《伊利亚特》(荷马,千炳熙译,图书出版林,2015)

《英国病人》(迈克尔·翁达杰,朴贤柱译,The Book,2018)

《一间自己的房间》(弗吉尼亚·伍尔夫,李美爱译,民音社,2006)

《小妇人》(路易莎·梅·奥尔科特,姜美京译,RH Korea,2020)

《给青年诗人的十封信》(里尔克,金在赫译,高丽大学出版部,2006)

《查拉图斯特拉如是说》(弗里德里希·尼采,张熙昌译,民音社,2004)

《朗读者》(本哈德·施林克,金在赫译,时空社,2013)

《千高原》(吉尔·德勒兹和菲利克斯·加塔利,金载仁译,新浪潮,2001)

《铁道之旅》(沃尔夫冈·希弗尔布施,朴镇熙译,kungre社,1999)

《荣格自传:回忆·梦·思考》(卡尔·古斯塔夫·荣格,曹圣起译,金永社,2007)

《卖花女》(萧伯纳,金素任译,openbooks,2011)

《彼得·潘》(詹姆斯·马修·巴利,张英熙译,飞龙沼,2004)

图书在版编目 (CIP) 数据

坚持写下去的勇气 /(韩)郑汝佑著;李桂花,李世源译. —— 北京:中央编译出版社,2023.2
ISBN 978-7-5117-4344-2

Ⅰ.①坚… Ⅱ.①郑… ②李… ③李… Ⅲ.①写作 – 研究 Ⅳ.① H05

中国国家版本馆 CIP 数据核字 (2023) 第 004054 号

끝까지 쓰는 용기 정여울의 글쓰기 수업
Copyright © 정여울, 2021
All Rights Reserved.
Simplified Chinese rights arranged with Gimm-Young Publishers, Inc. through CA-LINK International LLC (www.ca-link.cn).

版权登记号:图字:01-2022-6630

坚持写下去的勇气

责任编辑	张　科　孙百迎
责任印制	刘　慧
出版发行	中央编译出版社
地　　址	北京市海淀区北四环西路 69 号（100080）
电　　话	（010）55627391（总编室）　（010）55627362（编辑室）
	（010）55627320（发行部）　（010）55627377（新技术部）
经　　销	全国新华书店
印　　刷	北京盛通印刷股份有限公司
开　　本	880 毫米 ×1230 毫米 1/32
字　　数	114 千字
印　　张	6.25
版　　次	2023 年 2 月第 1 版
印　　次	2023 年 2 月第 1 次印刷
定　　价	56.00 元

新浪微博：@ 中央编译出版社　　微　信：中央编译出版社（ID：cctphome）
淘宝店铺：中央编译出版社直销店（http://shop108367160.taobao.com）（010）55627331

本社常年法律顾问：北京市吴栾赵阎律师事务所律师　闫军　梁勤
凡有印装质量问题，本社负责调换，电话：（010）55626985

人啊,认识你自己!